职业教育智能制造领域系列教材

制造执行系统操作与应用

主　编　王明刚　邱兆玲　丁玉杰
副主编　李　珍　冯占营　张大维
参　编　庞　浩　朱　伟

北京理工大学出版社
BEIJING INSTITUTE OF TECHNOLOGY PRESS

内 容 简 介

制造执行系统 (Manufacturing Execution System，MES) 将生产要素融入工业互联网，将实体对象、生产活动和管理活动进行数字化。教材内容基于国内企业自主研发的 MES 系统，以包含工业机器人技术、数控机床、智能仓储、外部轴、AGV 技术在内的真实智能生产线为案例背景，围绕制造执行系统的操作与应用技术，组织资深企业工程师、中高职院校的学术带头人、行业内专家共同开发而成。

本书通过相关理论知识、图片和实例教学进行制造执行系统操作与应用技术的讲解，使学生掌握根据智能工厂自动化生产线生产需要，完成制造执行系统基本操作与维护的技能，包含走进 MES 系统、MES 系统用户操作与配置、MES 系统的生产管理和生产数据监控与管理等内容，以期向读者提供实用性帮助和指导。

本书可作为装备制造大类相关专业的教材，也可作为制造执行系统操作与应用的相关企业员工培训教材。

版权专有　侵权必究

图书在版编目（CIP）数据

制造执行系统操作与应用 / 王明刚, 邱兆玲, 丁玉杰主编. -- 北京：北京理工大学出版社, 2023.2
ISBN 978-7-5763-2117-3

Ⅰ. ①制… Ⅱ. ①王… ②邱… ③丁… Ⅲ. ①制造工业—工业企业管理—计算机管理系统 Ⅳ. ① F407.406.14

中国国家版本馆 CIP 数据核字 (2023) 第 032376 号

出版发行 /	北京理工大学出版社有限责任公司
社　　址 /	北京市海淀区中关村南大街 5 号
邮　　编 /	100081
电　　话 /	（010）68914775（总编室）
	（010）82562903（教材售后服务热线）
	（010）68944723（其他图书服务热线）
网　　址 /	http://www.bitpress.com.cn
经　　销 /	全国各地新华书店
印　　刷 /	定州市新华印刷有限公司
开　　本 /	889 毫米 × 1194 毫米　1/16
印　　张 /	10.5
字　　数 /	192 千字
版　　次 /	2023 年 2 月第 1 版　2023 年 2 月第 1 次印刷
定　　价 /	39.00 元

责任编辑 / 张鑫星
文案编辑 / 张鑫星
责任校对 / 周瑞红
责任印制 / 边心超

图书出现印装质量问题，请拨打售后服务热线，本社负责调换

前言

智能制造是制造强国建设的主攻方向，其发展程度直接关乎我国制造业质量水平。党的二十大报告指出："建设现代化产业体系。坚持把发展经济的着力点放在实体经济上，推进新型工业化，加快建设制造强国、质量强国、航天强国、交通强国、网络强国、数字中国"。发展智能制造对于巩固实体经济根基、建成现代产业体系、实现新型工业化具有重要作用。

2021年12月21日八部门印发《"十四五"智能制造发展规划》（以下简称《规划》）的通知，为促进制造业高质量发展、加快制造强国建设、发展数字经济、构筑国际竞争新优势提供有力支撑。规划中明确指出，要聚力研发工业软件产品，推动装备制造商、高校、科研院所、用户企业、软件企业强化协同，联合开发面向产品全生命周期和制造全过程的核心软件，研发嵌入式工业软件及集成开发环境，研制面向细分行业的集成化工业软件平台，开发制造执行系统（Manufacturing Execution System，MES）便是其中重要的一环。

国际制造执行系统协会(Manufacturing Execution System Association，MESA)对MES的定义是"MES能通过信息的传递，对从订单下达开始到产品完成的整个产品生产过程进行优化的管理，对工厂发生的实时事件，及时做出相应的反应和报告，并用当前准确的数据进行相应的指导和处理。"因此，MES不只是工厂的单一信息系统，而是横向之间、纵向之间、系统之间集成的系统，MES也可以概括为一个宗旨——制造怎样执行，两个核心数据库——实时数据库、关系数据库，两个通信接口——与控制层接口和与业务计划层接口，四个重点功能——生产管理、工艺管理、过程管理和质量管理等。

为解决制造执行系统相关应用及实训课程开设问题，青岛西海岸新区职业中等专业学校联合北京华航唯实机器人科技股份有限公司和济南职业学院共同开发了本教材。教材内容依托于典型的由工业机器人、数控机床、智能仓储、AGV系统等组成的工厂级智能化产线配套使用的制造执行系统，内容主要分为走进MES系统、MES系统用户操作与配置、MES系统的生产管理和生产数据监控与管理四个部分，从基本的系统用户操作、生产数据配置及审批流程配置到基于典型生产场景的生产订单录入与审批、车间的生产派工、生产物料的管理与流通及生产计划的执行与反馈，基本覆盖到MES系统在实际应用的各个环节及流程。同时实训案例基于真实岗位工作过程，内容编排由浅入深，可满足不同层次的读者学习参考。

青岛西海岸新区职业中等专业学校王明刚、邱兆玲、丁玉杰担任主编，青岛西海岸新区职业中等专业学校李珍、济南职业学院冯占营、北京华航唯实机器人科技股份有限公司张大维担任副主编。具体分工为青岛西海岸新区职业中等专业学校邱兆玲编写项目一，丁玉杰、王明刚共同编写项目三，济南职业学院冯占营与青岛西海岸新区职业中等专业学校李珍共同编写项目二，北京华航唯实机器人科技股份有限公司张大维编写项目四，北京华航唯实机器人科技股份有限公司庞浩和龙涛负责教材的审稿及审核工作。教材在案例设计编写及配套资源的制作过程中得到了北京华航唯实机器人科技股份有限公司庞浩和朱伟两位工程师的协助，在此一并表示感谢。本教材在编写过程中，得到国家重点研发计划项目"网络协同制造技术资源服务平台研发与应用示范（2018YFB1703500）"的支持，为专业技能人才培养提供了丰富的资源。

  本教材采用"项目任务式"设计，突出理实一体化的学习教学特点，每个任务都配套有【任务描述】、【知识储备】、【任务实施】及【任务评价】，强调知识技能和任务操作之间的匹配性。通过资源标签或者二维码链接形式，提供了丰富的配套学习资源，利用信息化技术如PPT、视频、动画等形式，对书中的核心知识点和技能点进行深度剖析和详细讲解，降低了读者的学习难度，有效提高学习兴趣和学习效率。

  由于编者水平有限，对于书中的不足之处，希望广大读者提出宝贵意见。

编　者

目录

项目一　走进 MES 系统 ………………………………… 1

任务 1.1　MES 系统原理及应用领域认知 ……………………… 3

任务 1.2　认识典型 MES 平台 …………………………………… 19

项目二　MES 系统用户操作与配置 ……………… 33

任务 2.1　系统用户操作 …………………………………………… 35

任务 2.2　生产数据配置 …………………………………………… 46

任务 2.3　审批流程配置 …………………………………………… 67

项目三　MES 系统的生产管理 ……………………… 76

任务 3.1　生产订单的录入及审批 ………………………………… 78

任务 3.2　车间的生产派工 ………………………………………… 86

任务 3.3　生产物料的管理及流通 ………………………………… 96

任务 3.4　生产计划的执行与反馈 ………………………………… 112

项目四　生产数据监控与管理 …………………………………… 131

　　任务 4.1　生产数据监控 …………………………………… 133
　　任务 4.2　电子文档管理 …………………………………… 144
　　任务 4.3　设备管理 ………………………………………… 151

参考文献 …………………………………………………………… 162

项目一

走进 MES 系统

项目导言

智能制造是制造强国建设的主攻方向，其发展程度直接影响着我国制造业质量水平。发展智能制造对于巩固实体经济根基、建成现代产业体系、实现新型工业化具有重要作用。为贯彻落实《中华人民共和国国民经济和社会发展第十四个五年规划和2035年远景目标纲要》，加快推动智能制造发展，工业和信息化部、国家发展和改革委员会、教育部等八部门印发了《"十四五"智能制造发展规划》。规划中明确指出，要聚力研发工业软件产品，推动装备制造商、高校、科研院所、用户企业、软件企业强化协同，联合开发面向产品全生命周期和制造全过程的核心软件，研发嵌入式工业软件及集成开发环境，研制面向细分行业的集成化工业软件平台，开发制造执行系统（MES）便是其中重要的一环。

项目基于 PQFusion 管控一体化 MES 系统的平台进行，围绕 MES 系统原理及应用领域认知、认识典型 MES 平台和 MES 平台的网络搭建逐渐展开内容，通过相关理论知识、图片辅助讲解，逐步走进 MES 系统。通过典型 MES 平台认识 MES 系统的功能和定位，通过实例教学进行 MES 平台网络搭建技能的讲解，使学生掌握制造执行系统相关理论知识以及根据智能工厂自动化生产线生产需要，完成制造执行系统网络搭建的技能。

知识目标

- 了解 MES 系统定义、功能层次组成及 MES 系统应用领域。
- 理解制造业 MES 系统功能体系结构。
- 掌握 MES 系统 PQFusion MES 的功能。

能力目标

能够正确分析 MES 系统功能层次组成、MES 系统 PQFusion MES 的功能。

情感目标

培养学生在学习和工作中的沟通协调能力和再学习能力及严格按照行业安全工作规程进行操作的意识。

工作任务

```
                    项目一  走进MES系统
                    ┌──────────┴──────────┐
        任务1.1  MES系统原              任务1.2  认识典型
        理及应用领域认知                      MES平台
```

任务1.1 MES系统原理及应用领域认知

【任务描述】

全球经济和国际市场的变化使得我国制造业发展呈现出新的发展趋势，从劳动密集型的加工基地向中高端制造型基地转型，向先进制造业转型，向区域经济产业聚集，同时企业竞争方式和价值目标也均有转移。MES是制造企业信息化、自动化系统的重点和热点，是制造业转型升级实现先进制造业发展的关键。

本任务从MES系统定义及功能层次基础的原理开始进行讲解，逐步深入本书所述制造业领域MES系统的功能体系结构，最后讲解MES系统的实际应用领域，全方位讲解MES系统的原理及应用领域。

【任务目标】

明确MES系统的定义及功能层次；掌握制造业领域MES系统的功能体系结构；掌握MES系统的主要应用领域。

【课时安排】

建议学时共2学时，其中相关知识学习建议2课时。

【知识储备】

1. MES系统定义及功能层次定义

1) MES系统定义

在行业标准SJ/T 11666.1—2016和国家标准GB/T 2548—2010中，均对制造执行系统（Manufacturing Execution System）做了明确的解释，MES是针对企业整个生产制造过程进行管理和优化的集成运行系统，在接受订单开始到制成最终产品的全部时间范围内，MES

采集各种数据信息和状态信息，与上层业务计划层和底层过程控制层进行信息交互，通过整个企业的信息流来支撑企业的信息集成，实现对工厂的全部生产过程进行优化管理。

MES 提供实时收集生产过程数据的功能，当工厂发生实时事件时，MES 能够对此及时做出反应、报告，并使用当前的准确数据对其进行指导和处理。MES 对事件的迅速响应，使得企业内部无附加值的活动减少，有效指导工厂的生产运作过程，既能提高工厂及时交货能力、改善物料的流通性能，又能提高生产回报率。

MES 可以为企业提供包括制造数据管理、计划排程管理、生产调度管理、库存管理、质量管理、人力资源管理、工作中心/设备管理、工具工装管理、采购管理、成本管理、项目看板管理、生产过程控制、底层数据集成分析、上层数据集成分解等管理模块，为企业打造一个扎实、可靠、全面、可行的制造协同管理平台。

2）MES 发展的三个阶段

MES 系统的发展，总体分为三个阶段，分别为 MES 的诞生阶段（1960—1980 年）、MES 的标准化阶段（1990—2000 年）、21 世纪以来的 MES 商业化阶段。

（1）MES 的诞生阶段。

MES 的起源始于会计系统演化而来的 MRP。信息技术最初在管理上的运用主要是记录一些数据，方便查询和汇总。20 世纪 60 年代，美国会计系统演成一种新的库存与计划控制方法——计算机辅助编制的物料需求计划（MRP），开辟了企业生产管理的新途径。20 世纪 80 年代左右，MRP 延伸为制造资源计划（MRP Ⅱ），为制造业提供了科学的管理思想和处理逻辑以及有效的信息处理手段。

如图 1-1 所示，管理系统逐渐演化，MES 系统原型出现。20 世纪 70 年代后半期开始，出现了解决个别问题的单一功能的 MES 系统，如设备状态监控系统，质量管理系统，包括生产进度跟踪、生产统计等功能的生产管理系统，同时，在未实施整体解决方案或信息系统以前，各企业只是引入单功能的软件产品和个别系统，因此出现上层系统和控制系统信息断层以及不同系统信息孤岛的问题，为了解决该问题，各系统功能不断扩增，系统间界限逐渐模糊，MES 概念正式诞生。

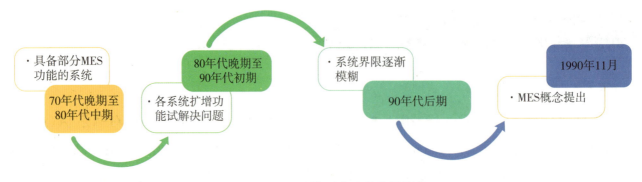

图 1-1 MES 系统诞生阶段发展历程

（2）MES的标准化阶段。

MESA按照功能定义MES。1990年，MES概念正式提出后，MESA（制造企业解决方案协会）、ISA（国际自动化协会）等国际组织也相继对MES定义、功能、作用等进行各自解释。该时期，大量研究机构、政府组织参与MES的标准化工作，进行相关标准、模型的研究和开发。据MESA定义，一个系统要想成为MES，需要具有MES的11个功能，但随着时间的推移，这个定义也在不断发展。发展到C-MES时，MES不仅作为自动化和企业管理之间的中介，同时也是数据和信息集成系统的中心。

（3）MES商业化阶段。

21世纪初，MES行业出现并购热潮。2000年以来，MES作为工业信息化的重要组成部分受到市场广泛关注，以西门子等厂商为代表的自动化设备供应商、PLM和ERP厂商为了快速进入该行业，开启了MES行业并购时代。

3 MES功能层次定义

一般将制造类企业的信息集成划分为三个不同的功能层次等级，分别是：业务计划层、制造执行层以及过程控制层，如图1-2所示。

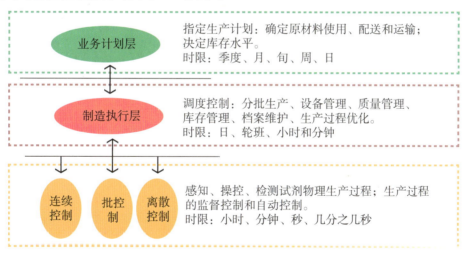

图1-2 制造类企业功能层次

（1）业务计划层。

业务计划层定义了制造业企业管理所需的相关业务类活动，包括管理企业中的各种资源、管理企业的销售和服务、制订生产计划、确定库存水平，以及确保物料能按时传送到正确的地点进行生产等。

（2）制造执行层。

制造执行层介于业务计划层和过程控制层之间，定义了为了实现生产出最终产品的工作流的活动，包括记录维护和过程协调等活动。主要面向制造型企业工厂管理的生产调度、设备管理、质量管理、物料跟踪、库存管理等，可以通过 MES 实现这些功能。制造执行层的活动运行时限通常是：日、轮班、小时和分钟。

MES 需要针对功能层次中制造执行层的活动进行定位与设计，关注制造执行层内部的制造运行和控制功能，以及与业务计划层、过程控制层之间的信息交互。

制造执行层的主要活动包括：

①报告包括可变制造成本在内的区域生产情况；

②汇集并维护有关生产、库存、人力、原材料、备件等区域数据；

③完成按工程功能要求的数据收集和离线性能分析，包括统计质量分析和有关的控制功能；

④完成必要的人员管理功能，诸如：工作时间统计（例如时间、任务），休假调度，劳动力调度，单位的晋升方针，以及公司内部的培训和人员的技术规范；

⑤建立包括维护、运输和其他与生产有关的需要在内的、直接的、详细的生产调度计划；

⑥为各个生产区域局部优化成本，同时完成由业务计划层所制订的生产计划；

⑦修改生产计划以补偿可能会出现的工厂生产中断。

（3）过程控制层。

过程控制层定义了感知、监测和控制实际物理生产过程的活动。按照实际生产方式的不同，可细分为：连续控制、批控制及离散控制。控制层通常选用的控制系统包括：DCS（分布式控制系统）、DNC（分布式数控系统）、PLC、SCADA 等。过程控制层的活动运行时限通常是：小时、分钟、秒、毫秒，甚至更快。

（4）各层次间生产信息的交互。

MES 在企业集成运行系统中需起到连接业务计划层和过程控制层的作用。业务计划层所制定的生产计划需要通过 MES 传递给生产现场；同时，来自过程控制层的实际生产状态也需要通过 MES 报告给业务计划层。业务计划系统和制造执行系统之间交互的生产信息归纳为 4 类，分别是：产品定义信息、生产能力信息、生产计划调度信息、生产绩效统计信息；同时，将过程控制系统和制造执行系统之间交互的生产信息也归纳为 4 类，分别是：设备和过程生产规则、操作指令、操作响应、设备和过程数据，具体如图 1-3 所示。

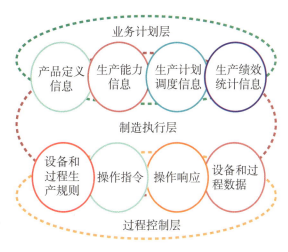

图 1-3 生产信息的交互

① **产品定义信息。**

产品定义信息是产品生产规则、物料清单,以及资源清单之间共享的信息,描述了生产中"应该如何制成产品"的信息。

产品生产规则是用来指导如何生产一种产品的制造操作信息。如在 GB/T 16656.1—2008 中定义的产品数据 AP(应用协议)标准操作程序(SOP)、标准操作条件(SOC)、例行工作,或基于所用生产策略的装配步骤。

资源清单是生产一种产品所需要的所有资源的列表。资源可包括:物料、人员、设备、能源及消耗品。资源清单不包括特定的生产步骤,可能以分层方式编制,以反映某些生产步骤。

物料清单是表明为生产某种产品所需要的所有物料每种数量的列表。这些物料可以是原材料、中间物料、分装配件、零件及消耗品。这种表并不包含物料用于何处或何时需用等细节,但是它可能以分层方式组织,以反映某些生产步骤。物料清单通常包括与产品无关的物料,如发货用物料或相应的文件。物料清单是资源清单的子集。制造通知单是与生产有关的物料清单的子集。

② **生产能力信息。**

生产能力信息是对生产(指定次数)的所有资源信息的汇集,由有关的设备、物料、人员和过程段的信息组成,描述了生产中"什么资源是可用的"的信息。

生产能力信息描述了制造控制系统已知的名字、术语、状态和数量。生产能力信息包含用于产能调度和维护信息的词汇表。一种生产能力是对于一个给定的时间段(目前或今后)的人员能力、设备能力、物料能力和过程段能力的汇集,并可分为"承担的、可利用的和难以达到的"。

③ **生产计划调度信息。**

对生产的请求可列为生产计划调度信息。生产计划调度信息应由一个或者多个生产请求组成,描述了生产中"将要使用什么资源;将要制造什么产品"的信息。

生产请求是指由生产规则标识的单一产品要求生产的请求。生产请求包含为完成计划内生产制造所需要的信息。在某些情况下,物料标识、生产规则标识和物料数量可能就是制造所需的全部信息。其他情况可能需要附加信息。附加信息可以用生产参数、人员要求、设备要求和物料要求来描述。生产请求可以确认或引用相关的生产规则。一个生产请求可能对应一个或多个生产响应。

生产请求可包括:

(a) 何时开始生产,主要用于由调度系统控制调度的场合;

(b) 何时结束生产,主要用于制造系统控制其内部调度以满足截止时间;

(c) 请求的优先级,主要用于准确的生产顺序没有在外部计划的情况;

(d) 包装的调度表;

(e) 对被加工物料预先分派的批量标识。

④**生产绩效统计信息。**

生产绩效统计信息是对所提出的制造请求的响应报告,是所有生产响应的汇集。描述了生产中"实际使用了什么资源;制成了什么产品"的信息。

生产响应是指与生产请求相关联的制造响应。如果生产设备需要将生产请求分解成几个更小的工作单元,那么对一个单独的生产请求可以有一个或多个生产响应。

生产结果可包括请求状况,诸如完成百分率、完工状态或中止状态。

在生产结束或在生产过程中,生产响应包括了向业务系统汇报的事项。由于生产物料或中间物料的成本核算,业务系统需要知道中间生产响应状态,而不是等待最终生产响应状态。

⑤**设备和过程生产规则。**

设备和过程生产规则可以定义为基于特定分配任务的,对过程控制层的专门说明。

⑥**操作指令。**

操作指令定义为传递给过程控制层的请求信息。它们是用来启动或完成一个操作的典型指令。这些信息可以通过SOP(标准操作程序)的方式呈现或者直接传递给操作员,比如调高机器或清洗机器的步骤。

⑦**操作响应。**

操作响应定义为从过程控制层接收的针对指令的响应信息。这些信息与操作的完成情况或实际状况相对应。

⑧**设备和过程数据。**

设备和过程数据定义为从过程控制层接收的关于监测结果的信息。这是关于被执行过程和相关资源的典型信息。

2. 制造业MES系统功能体系结构

制造执行系统的功能体系结构模型如图1-4所示，该模型定义了MES的基本功能体系结构，以"生产管理"为中心，对制造执行层进行了功能结构的划分，给出了制造执行层内部的主要功能，以及功能之间传递的信息流，具体划分为以下三部分模型，并对其进行描述。

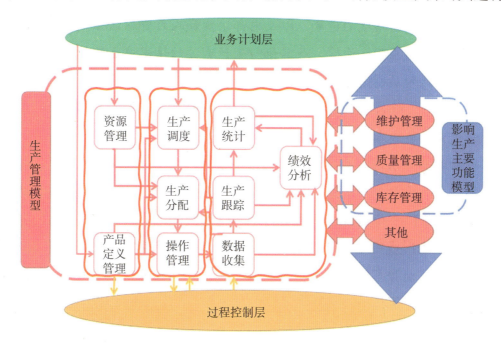

图1-4 MES功能体系结构模型

生产管理模型（图1-4中制造执行层左侧虚线框内表示的部分）：是制造执行系统的核心部分。它又进一步细分为9个相对独立的子功能，分别是：产品定义管理、资源管理、生产调度、生产分配、操作管理、数据收集、生产跟踪、绩效分析、生产统计。同时，本模型给出了这9个子功能间的信息交互关系，以及特定功能模块与上层业务计划层和下层过程控制层之间的信息交互，明确地定义了信息流的走向。

影响生产主要功能模型（图1-4中制造执行层右侧虚线框部分）：定义了"维护管理""质量管理""库存管理"。它们都是制造类企业的制造执行层中必不可少的组成部分，它们对制造类企业的生产运行会产生极为重要的影响，有时甚至是决定性的影响。模型通过信息流的定义来表达它们之间，以及它们与生产之间的相互影响关系。

影响生产的其他功能模型（图1-4的制造执行层中右下角椭圆框）：它们并不是对所有的制造类企业都是必需的，有时它们对生产也将会产生非常重要的影响，又或是可以对生产的管理提供非常有益的帮助。同时，对于不同的行业和不同企业的实际情况，需要这样的功能扩展也将会有所区别。

1. 生产管理模型

"生产管理"可定义为一组满足成本、质量、数量、安全性和实时性要求的活动,这组活动对关于利用原材料、能源、设备、人员和信息来制造产品的诸多功能进行协调、指导、管理和跟踪,包括:

① 收集和保存关于产品、库存、人力、原材料、剩余部分和能源使用的数据。

② 实现必需的人员管理功能,像工作时期统计表(如时间、任务)、休假时间表、劳动强度统计表、工会路线的进展,以及内部培训和人员资格认证。

③ 为所辖区域内的维护、运输,及其他与生产有关的请求建立及时的详细生产调度。

④ 在完成业务计划层制定的生产调度的同时,对个别产品区域进行本地成本优化。

⑤ 在职责范围内,修改生产调度来补偿可能发生的生产中断行为。

⑥ 提交含可变制造成本的生产报告。

⑦ 按工程功能的要求进行数据收集和离线分析。包括基于统计学的质量分析以及相关控制功能。对应于图1-4中左侧虚线框内所表示的部分,是制造执行系统的核心。

生产管理模型中的三个虚线框表示了三个不同性质的区域。通过这三个区域的功能划分,可使得生产管理模型形成一个完整的逻辑闭环,从而可以有效控制整个生产运行的全过程。这三个区域分别是基础静态信息定义区域、生产调度指令下达区域和生产绩效统计反馈区域。

基础静态信息定义区域:包括产品定义管理模块和资源管理模块,其主要功能是管理企业生产运行过程中必备的产品定义类信息和基础资源类信息。如:产品生产规则(含SOP、SOC等)的确定与维护;生产方案、资源清单及物料清单的定义与维护;人员、设备和物料等基础信息的定义与维护;企业产能利用情况的信息管理等。

生产调度指令下达区域:包括生产调度模块、生产分派模块和操作管理模块。其主要功能是将业务计划层传递下来的生产计划调度信息通过生产调度模块细化为详细生产计划调度信息,再经生产分派模块转化为生产分派清单,最后经过操作管理模块转化为操作命令下达给过程控制层,从而指导实际的生产运行过程。

生产绩效统计反馈区域:包括数据收集模块、生产跟踪模块、绩效分析模块,以及生产统计模块。其主要功能是将过程控制层中的生产和资源的过程数据通过数据收集模块采集上来,传递给生产跟踪模块和绩效分析模块进行跟踪、分析和处理,再将处理好的数据传递给生产统计模块,最终整理成为生产绩效统计信息反馈给业务计划层。

(1)产品定义管理。

产品定义管理定义为:制造执行层中管理所有关于制造所必需的产品信息的功能模块,包括产品生产规则。

产品生产规则、物料清单和资源清单共享产品定义信息。产品生产规则包含了用于指导制造工作如何生产产品的信息。在具体企业中，这可被称为通用配方、现场配方或主配方，是标准运行程序（SOP）、标准运行条件（SOC）、生产路线安排，或基于生产策略使用的集中步骤。产品定义信息的制定使制造执行层的其他功能和过程控制层的功能按要求实现。

产品定义管理包含产品生产规则分配的管理。生产规则的某些部分可能存在于过程控制层设备中。在某种情形下，为了避免影响生产，此类信息的下载可以与其他功能相配合。

（2）资源管理。

资源管理定义为：一系列有关生产运行所必需的信息的资源管理的活动。这些资源包括机器、工具、劳动力（经过专门技术培训）、原料和能源。对这些资源进行直接控制是为了满足完成其他活动的生产要求，比如生产分配和生产执行管理。

资源信息的管理可以由计算机系统完成，但也可能部分或完全由手工替代。

资源管理可以包含为未来使用的本地资源预留系统的信息管理。每种重要资源的管理应该有独立的预留系统。每种资源都有独立的活动，或者一批资源有相互结合的活动。在某些特定时期，资源信息必须为特定资源维持和提供承担的、可利用的、难以达到的活动信息。

（3）生产调度。

生产调度定义为：一组满足生产要求的生产路线安排和最佳利用本地资源的活动。它基于业务计划层中生产计划的要求产品定义信息和资源能力信息，来解决生产的约束性和可用性；同时利用生产跟踪模块的信息来解决过程中的实际工作。生产调度包括对最少设备设置或清洗的要求进行排序，对设备最佳利用要求的协调，以及由于批量和有限产率所引起的拆分请求。生产调度会考虑本地资源的情况和可用性。

（4）生产分派。

生产分派定义为：一组管理把生产任务分派给设备和人员的生产流的活动，包括：
①按照控制系统中调度分批开始。
②生产线上调度生产运转的开始。
③在生产单位中指定标准操作条件的对象。
④向工作中心传递工作顺序。
⑤向人工操作发送工作顺序。

（5）操作管理。

操作管理应该定义为：一组指导生产执行的活动，对应了生产分派名单所列出的内容。操作管理的活动包括：通过产品生产的操作次序的合理安排，来选择、启动和移动工作单元（如批次、子批次或批量）。实际的操作工作（手工或自动）则是过程控制层的一部分。

操作管理可以使用来自先前的生产运转、生产跟踪所捕获的信息，来进行本地最优化和提高效率。操作管理的活动通常包括在某个地点或区域的手动和自动过程的协调。这通常需要自动控制设备具有良好的信息交互通道。

（6）数据收集。

数据收集定义为：一系列为特定工作过程或特定生产要求收集、编辑和管理生产数据的活动。制造执行系统主要处理诸如数量（重量、单位等）和有关参数（比率、温度等）的过程信息，以及诸如控制器、传感器和执行器状态的设备信息。处理的信息包括：传感器读取、设备状态、事件数据、操作员登录数据、交互数据、操作行动、消息、模型计算结果，以及其他产品制造的重要信息。数据收集是基于固定时间或事件的，按时间或事件添加数据把收集的信息联系起来。

（7）生产跟踪。

生产跟踪应定义为：一系列根据生产和资源的历史数据跟踪生产过程的活动。它向生产调度模块提供信息，使生产调度可以根据当前情况进行更新；同时，它也向生产统计模块提供产品生产过程中详细的人员设备的实际使用情况、物料的消耗、物料的生产等信息。

（8）绩效分析。

绩效分析定义为：一系列为业务系统分析和汇报绩效信息的活动，包括：对装置生产周期、资源利用、设备使用、设备性能、程序效率，以及生产可变性等信息的分析。

（9）生产统计。

生产统计应该定义为：一系列为业务计划层做出生产响应准备的活动，包括总结和汇报关于产品生产过程中人员和设备的实际使用情况、物料消耗、物料生产，以及其他诸如成本和绩效分析结果的有关生产数据的信息。

2) 影响生产的主要功能模型

对于制造类企业的制造运行过程，"维护管理""质量管理""库存管理"是必不可少的组成部分，它们对生产将会产生极为重要的影响，有时甚至是决定性的影响。

示例1：在制药产业，"质量管理"可能指导其他的活动过程，对生产制造产生重要影响。

示例2：在物流中心或精炼行业，"库存管理"可能指导其他的活动过程，对生产制造产生重要影响。

本条内容将给出"维护管理""质量管理""库存管理"的主要功能定义，并给出它们与"生产管理"之间主要交互的信息流。

（1）维护管理。

维护管理可以定义为一组协调、指导和跟踪设备、工具及相关资产的维护功能的活动，该功能保证了设备工具及相关资产的制造可用性，并且保证反应性的、周期性的、预防性的，或者先发性的维护调度得以顺利执行。维护管理支持以下4个主要的维护类别：提供设备故障响应的维护、基于时间或周期的循环维护的调度和实施、提供基于状态的维护，源于从设备或从设备推断获得的信息、资源运行绩效和效率的优化。

（2）质量管理。

质量管理定义为协调、指导和跟踪质量测量和报告的功能的活动集合。广义的质量管理同时包括质量操作和那些以保证中间和最终产品质量为目的的操作管理。

质量管理的主要功能包括：

①测试和检验物料质量（原料、成品和中间产品）。

②测量和报告设备能力以满足质量目标。

③保证产品质量。

④设置质量标准。

⑤设置人员资格和培训质量标准。

⑥设置质量的控制标准。

（3）库存管理。

库存管理可以定义为制造设施在企业生产运行的过程中协调、指导、管理、跟踪库存和物料移动的活动。

库存管理的主要功能包括：

①管理和跟踪产品和物料的库存。

注意：物料可以是生产物料、维护物料、质量物料，或其他需要跟踪和管理的物料。

②履行周期性和按要求的库存周期计算。

③管理工作中心之间物料的移动。

④测量和报告库存和物料的移动能力。

⑤协调和控制物料移动中利用的人员和设备。

⑥指导和监测物料与生产管理、质量管理或维护管理之间的进出传递。

⑦向生产管理活动汇报库存。

⑧追溯原料在贮藏库的进出。

⑨确定拆包调度。

⑩运输和监控储藏库中物料的移动。

3) 影响生产的其他功能模型

除了影响生产的主要功能以外，还有其他一些业务功能可能会对制造类企业产生一定程度的影响，它们并不是对于所有的制造类企业都是必需的，但是有时它们对生产的影响也是非常重要的，或是可以对生产管理提供非常有益的帮助。同时，对于不同行业和不同企业的实际情况来说，所需要这样的业务功能扩展也将会有所区别。本标准将在本条进一步给出"能源管理""生产安全管理""文档管理""系统仿真"这几个扩展功能的定义，它们对于多数的制造类企业也将会产生较为重要影响。同时，本标准规定针对特定行业或特定企业的制造执行系统，可以根据具体行业和企业的实际情况，对这部分模型进行进一步的模块定义、扩展和删减。

（1）能源管理。

能源管理通常是一种企业的业务功能，它对于企业的生产管理和能耗控制等关键问题都可能会产生重要的影响。能源管理的主要作用是节约能源；提高能源利用效率；保护和改善环境。能源管理的主要功能包括能耗统计和能源优化。

能耗统计是以能源介质为基本对象，构建能源拓扑网络，进行能源核算和能源平衡管理。在一个能源拓扑网络中，能源的供给、能源的消耗以及能源的损失都需要遵循能源平衡的规则。

能源优化是基于生产计划和能源产耗预测数据，利用优化技术，从能源计划、能源调度到能源实时监控各个时间尺度上实现能源的优化利用和控制，从而实现降低消耗；减少损失和污染物排放；制止浪费；有效、合理地利用能源。

能耗统计自下而上综合整理能源管理需要的数据，能源优化从上至下控制和优化能源的使用，共同组成了能源管理的完整功能。

（2）生产安全管理。

生产安全管理通常是一种企业的业务功能，可能会对企业的生产管理产生重要的影响。它基于企业业务流程和企业安全生产规范，针对企业资产、人员、边界的安全需求，构建包括安全评估、安全检查、教育培训、上岗管理、风险源管理、作业管理、应急响应等在内的企业生产安全管理体系；并且可通过企业生产过程、消防、安防以及环保、气象监测等实时信息，构建企业综合预警、防灾系统。

生产安全管理系统可将企业安全管理流程从以人工干预为核心转变为以自动化处理为核心，横向渗透于MES其他业务模块的各流程中，为各业务环节增加生产安全的子流程和检查项，主动指导企业人员在各自的业务工作中符合安全生产的要求，以减少企业的业务过程中由于人为疏忽而导致安全问题的概率。将企业的安全管理模式从"事前检查＋事发应急"转变为"事前预警+隐患排除"，提高企业的安全等级。

（3）文档管理。

文档管理通常是一种企业的业务功能，可能对企业的生产管理产生重要的影响。企业的生产运行需要管理广泛的文档，这包括许多条款，比如SOP（标准操作程序）、工作说明、诀窍、控制系统程序、图表、工程变更通知、警报日志，以及突发事件报告。它有时还包括了对环境、健康、安全等方面的规定，以及与ISO标准信息的控制和整合，比如校正行为程序、储存历史数据等。对这些信息的管理通常是企业能够更好运转所必需的。一般地，企业准备了一套程序、方针，以及软件工具来管理所有的文档。

文档管理还应包含灾难恢复方面的相关工作。许多制造系统依赖于传输系统。然而自然或人造的灾难可能会延迟物料的传输、产品的传输，并可能使制造工具临时性或者永久性地无法操作。大多数企业通常会产生一个灾难恢复计划，包含了有关生产的信息，还应该包含有关核心制造过程的文档。除了恢复数据，可能还要根据机器自动系统、物理设计、生产顺序，以及局部库存系统重新创立完整的业务过程。当灾难发生后，信息必须是可以利用的，这样操作员就可以在无法预料的灾难发生后，物理地重建企业的生产线。

（4）系统仿真。

系统仿真常常用于生产装置的物流建模和过程变化响应的评价。它可以模拟过程中的变化，产品线的变化，或者制造流程的变化，还可以基于当前运行过程状况来预测物料特性。仿真可以在装置的生命周期中用于性能的跟踪、过程变化的跟踪，以及操作员的训练。

系统仿真虽然不是对于所有制造类企业都是必需的组成部分，但它可以为制造执行系统提供以下的帮助：

①在没有新设备、机器或者劳动力显著增加的情况下，增加额外的生产量；

②提高现有系统的效率和效力；

③排除瓶颈，更好地利用现有资产；

④评估提高质量和产量，或者降低成本的可行性；

⑤提高能力，以满足最终期限、顾客委托，以及顾客要求的变更；

⑥在不使人员、环境、物理系统或生产制造冒风险的情况下，训练操作员。

系统仿真通常可以通过可视化的方式呈现。可视化的方法一般可分为虚拟现实和信息可视化两类。虚拟现实可视化一般采用沉浸感、交互性和构想性的虚拟现实技术对工业现场进行呈现。而信息可视化针对生产现场中部分数据高维和抽象的特点，运用可视化技术来呈现现场的生产报表数据和层次信息。无论使用哪种可视化方法，可视化平台都需要通过数据库与系统仿真平台相交互，实现系统可视化仿真的功能。

3. MES系统应用领域

MES的应用，需要充分考虑企业的具体情况，以寻求最合适的信息化解决方案。

对于企业的分类，从生产方式上考虑，可以划分为按订单生产、按库存生产或上述两者的组合。从生产类型上考虑，则可以划分为批量生产和单件生产。从产品类型和生产工艺组织方式上，企业的行业类型可划分为流程生产行业和离散制造行业。

典型的流程生产行业有：医药、石油化工、电力、金属冶炼、能源、水泥、食品等领域。典型的离散制造行业主要包括：机械制造、电子电器、航空航天、汽车船舶等行业。

MES系统，无论从功能模型还是信息模型，无论是技术上还是管理上，都覆盖了流程生产行业和离散制造行业。但是，由于从工艺流程到生产组织方式，流程生产行业和离散制造行业都存在较大的差别，在MES具体实施上，要根据行业特征区别对待。

1) 离散型智能制造领域与流程型智能制造领域的区别

流程生产行业，主要是通过对原材料进行混合、分离、粉碎、加热等物理或化学方法，使原材料增值。通常，它们以批量或连续的方式进行生产。而离散行业主要是通过对原材料物理形状的改变、组装成为产品，使其增值。在MES需求、应用环境等诸多方面，两者都有较大的差异。

（1）产品结构区别。

离散制造企业的产品结构，可以用"树"的概念进行描述——其最终产品一定是由固定个数的零件或部件组成，这些关系非常明确并且固定。

流程企业的产品结构，则有较大的不同，它们往往不是很固定——上级物料和下级物料之间的数量关系，可能随温度、压力、湿度、季节、人员技术水平、工艺条件不同而不同。

在流程生产行业MES中，一般采用配方的概念来描述这种动态的产品结构关系。此外，在流程生产行业每个工艺过程中，伴随产出的不只是产品或中间产品，还可能细分为主产品、副产品、协产品、回流物和废物。MES在描述这种产品结构的配方时，还应具有批量、有效期等方面的要求。

（2）工艺流程。

面向订单的离散制造业，其特点是多品种和小批量。因此，生产设备的布置有可能不是按产品而是按照工艺进行布置的。例如，离散制造业往往要按车、磨、刨、铣等工艺过程，或者按照典型工艺过程来安排机床的位置。因为每个产品具体的工艺过程都可能不一样，而且可以进行同一种加工工艺的机床有多台，因此，离散制造业需要对所加工的物料进行调度，并且往往中间产品需要进行搬运。

流程生产企业的特点是品种固定、批量大、生产设备投资高，而且按照产品进行布置。通常，流程生产企业设备是专用的，很难改作其他用途。MES系统规划的时候，要考虑到不同行业生产设备布置的特点，做好配置。

（3）自动化水平。

离散制造企业自动化主要在单元级。由于是离散加工，产品的质量和生产率很大程度依赖于工人的技术水平。因此，离散制造企业一般是人员密集型企业，自动化水平相对较低。

流程生产企业，则大多采用大规模生产方式，生产工艺技术成熟，广泛采用PCS（过程控制系统），控制生产工艺条件的自动化设备比较成熟。因此，流程生产企业生产过程多数是自动化的，生产装置的人员主要是管理、监视和设备检修。

（4）生产计划管理。

离散制造企业主要从事单件、小批量生产，由于产品的工艺过程经常变更，它们需要具有良好的计划能力。对于按订单组织生产的企业，由于很难预测订单在什么时候到来，因此，对采购和生产装置的计划就需要很好的生产计划系统，特别需要计算机来参与计划系统的工作。只要应用得当，在生产计划系统方面投资所产生的效益在离散制造业可以相当高。

流程生产企业主要是大批量生产。只有满负荷生产，企业才能将成本降下来，在市场上具有竞争力。因此，在流程生产企业的生产计划中，年度计划更具有重要性，它决定了企业的物料需求。

2) 离散型制造MES系统

离散型智能制造应用领域对MES系统的核心要求如下：

（1）车间/工厂整个设计、流程和布局建立数字化模型，以及进行模拟仿真，并且达到计划、生产、运行全过程的数字化管理。

（2）生产过程数据采集以及分析系统，实现生产进度、现场、质量检查、设备生产状态等生产现场数据自动上传，实现可视化管理。

（3）建立车间制造执行系统（MES），并且实现计划、调度、质量、设备、生产、能效的工作管理功能。

最终目的为实现企业设计、工艺、生产、管理、物流等环节的产品全生命周期闭环动态优化，推进企业数字化、设备智能升级、精益生产、工艺流程优化、可视化管理、质量控制和追溯性、智能物流等方面的快速发展。

3) 流程型制造MES系统

（1）工厂总体设计、工艺流程以及布局建立数字化模型，并进行模拟仿真，实现生产流程数据可视化。

（2）实现对物流、能流、物性、资产全过程监控，建立数据采集监控系统，达到90%以上的生产过程数据自动数据率，实现原料收集、关键工艺和成品检验数据的采集和集成利用，建立实时质量预警。

（3）建立制造执行系统（MES），生产计划、调度等建立模型，以实现生产模型化分析决策、过程量化管理、成本和质量动态跟踪以及从原材料到产成品的一体化协同优化。

（4）建立工厂通信网络架构，实现工艺、生产、检验、物流等制造过程各环节之间，以及制造过程与数据采集和监控系统、生产执行系统（MES）、企业资源计划系统（ERP）之间的信息互联互通。

最终目的为实现生产过程的动态优化，制造和管理信息的可视化，企业资源配置、工艺优化、过程控制、产业链管理、节能减排和安全生产等方面智能化水平不断改善。

【任务评价】

任务评价如表1-1所示。

表1-1 任务评价

阶段	序号	评分标准	配分	自评	教师评价
职业素养	1	积极参与团队任务，分工明确，团队协作高效	5		
	2	责任心强，勇于承担责任，不推卸问题和责任，对执行结果负责	10		
	3	任务完成后主动按照实训室要求对系统进行保存并恢复	10		
知识掌握	1	明确MES系统的定义	10		
	2	掌握MES系统的3个发展阶段	10		
	3	理解MES系统功能层次的定义	10		
	4	掌握制造业MES系统功能体系结构	10		
知识掌握	1	掌握离散型和流程型智能制造领域的主要区别	15		
	2	掌握应用于离散型和流程型智能制造领域MES系统的主要特点	20		
合计					

任务 1.2 认识典型 MES 平台

【任务描述】

任务基于 PQFusion 管控一体化 MES 系统实施，应用场景为流程型数字化车间。进行 MES 系统操作与应用前，我们先来学习数字化车间的功能组成、生产工艺，再基于 PQFusion 管控一体化 MES 系统讲解典型制造业 MES 系统的功能与组成。

【任务目标】

掌握本案例数字化车间的功能组成和生产工艺。

掌握 PQFusion 管控一体化 MES 系统的平台功能组成。

【任务准备】

PQFusion 管控一体化 MES 系统的平台。

【课时安排】

建议学时共 2 学时，其中相关知识学习建议 2 课时。

【知识储备】

1. PQFusion MES 功能

管控一体化 MES 系统——PQFusion MES 是华航唯实智能制造实训体系中工业软件核心应用，它全面整合生产现场制造资源，能够通过信息传递对从订单下达到产品完成的整个生产过程进行数字化管理，整合了数字化车间计划层和生产过程控制层之间的间隔，是制造过程信息集成的纽带。

该系统包含：系统管理中心、生产数据中心、工艺派工中心、生产执行中心、库房管理中心、设备管理中心、信息监控中心和文件管理工具几个功能模块，如图1-5所示。

图1-5　PQFusion管控一体化MES系统界面

|1| 系统管理中心

系统管理中心包含组织管理、权限管理、系统设置、系统监控和消息推送功能模块，如图1-6所示。

图1-6　系统管理中心功能界面

（1）组织管理。

企业实施MES立项和决策要由企业的主要领导参与并直接领导，且需要企业相关部门的配合，组织管理界面主要用于设置MES系统应用环境的组织架构，包含4个功能子模块，如图1-7所示，分别为用户管理、机构管理、公司管理和岗位管理。

项目一 走进 MES 系统

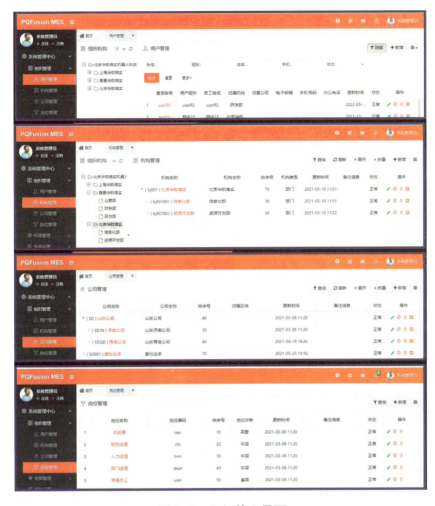

图 1-7 组织管理界面

组织管理中子模块的详细功能如表 1-2 所示。

表 1-2 组织管理中子模块的详细功能

序号	模块内容	功能说明
1	用户管理	在此界面，可以根据系统应用的组织机构，进行用户的管理，包含用户的新增、修改、查询、删除、禁用、分配角色、数据权限设置、重置密码等功能
2	机构管理	包含机构信息的新增、修改、查询、删除、停用、展开/折叠层级、新增下级机构等功能

21

续表

序号	模块内容	功能说明
3	公司管理	包含公司信息的新增、修改、查询、删除、停用、刷新、展开/折叠层级、新增下级公司等功能
4	岗位管理	包含岗位信息的新增、修改、查询、删除、停用等功能

（2）权限管理。

在权限管理功能模块中，包含角色管理和二级管理员两个子功能模块，角色管理处可以进行角色信息的新增、修改、查询、删除、停用、授权菜单、分配用户；二级管理员处可以设定组织结构中成员为二级管理员，并进行先关公司权限和角色权限的设定，如图1-8所示。

图1-8 二级管理员数据权限设置界面

（3）系统设置。

系统设置功能模块包含参数设置、字典管理和行政区划三个功能子模块，如图1-9所示。参数设置处可以进行MES系统中参数的新增、修改、查询、删除，字典管理处可以进行MES应用系统内相关名词的搜索及解释说明查看，行政区划处可以进行MES系统应用组织架构成员从属行政区域的查看、新增、删除、停用等操作。

项目一 走进 MES 系统

图 1-9 系统设置功能界面

（4）系统监控。

系统监控模块包含访问日志和在线用户两个子模块，如图 1-10 所示。访问日志处可以查看用户操作 MES 系统的数据记录，包含操作用户、请求地址、客户端 IP、操作时间、设备名称、浏览器信息等信息。在线用户处可以查询当前系统中登录用户。

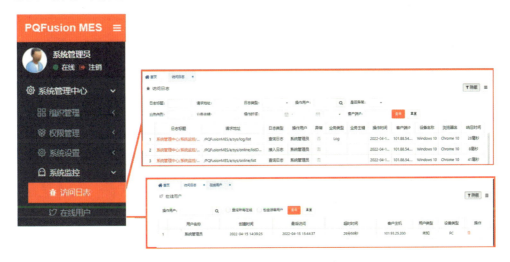

图 1-10 系统监控功能模块

2） 生产数据中心

基础数据管理是对系统运行所必需的基本配置和公用基本数据的管理。采用系统内置独立模块或与外部接口对组织结构、物料字典信息、产品数据、工艺数据、工厂日历、加工中心数据进行维护管理，避免数据重复、减少冗余，为业务系统提供基础数据。

基础数据管理通常包括公共数据管理、资源管理、物料数据管理、产品数据管理、工艺数据管理功能构件。

生产数据中心处可以定义并管理 MES 系统中的基础数据，包含图 1-11 所示的功能模块，各功能模块的功能如图 1-12 所示，具体操作方法见后续任务。

图 1-11　生产数据中心

图 1-12　生产数据中心功能

3) 工艺派工中心

工艺派工中心包含生产订单录入、生产计划下发、设备作业派工、员工作业派工和物料需求计划几个子功能模块，如图 1-13 所示。

项目一 走进MES系统

图 1-13 工艺派工中心包含的功能模块

（1）生产订单录入。

生产订单录入处支持查询、导出已经录入的订单，已经录入的订单导出后为 .xlsx 格式文件。选择图 1-14 所示的新增，用户即可录入新增订单信息。选择已经录入订单最后一列操作按钮，可以查看生产订单流程。

图 1-14 "生产订单录入"界面

（2）生产计划下发。

生产计划下发界面支持对已经录入订单的计划下发、计划撤销和查询，如图 1-15 所示。

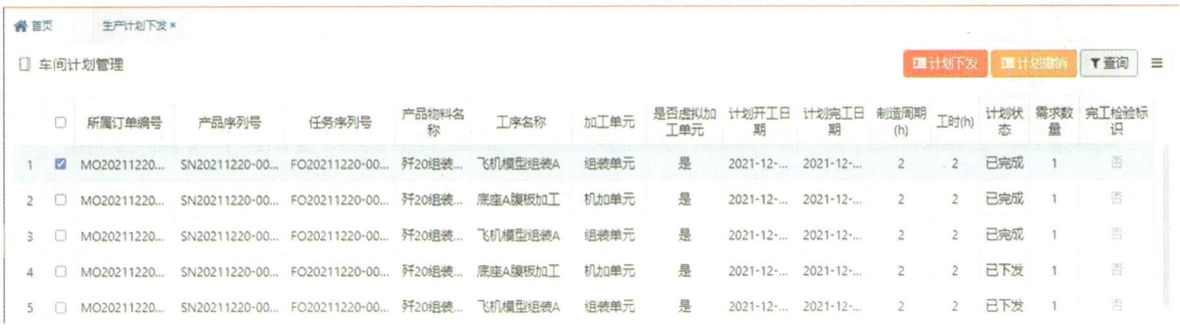

图 1-15 "生产计划下发"界面

（3）设备作业派工。

"设备作业派工"界面如图1-16所示，可以查看当前已经录入派工的设备作业，勾选后可以实施设备作业派工、查询派工信息。

图1-16 "设备作业派工"界面

（4）员工作业派工。

"员工作业派工"界面如图1-17所示，选中需要派工的生产任务，单击"人员作业派工"按钮，此时弹出该加工单元下所属作业班组人员信息，可派工给多人作业或单人作业。

图1-17 "员工作业派工"界面

（5）物料需求计划。

"物料需求计划"界面如图1-18所示，可以查看到所有生产订单的物料需求明细，可以根据订单、单台产品、生产任务来进行所需物料的入库操作，生成入库任务。

项目一　走进 MES 系统

图 1-18　"物料需求计划"界面

4) 生产执行中心

生产执行中心包含生产设备配置、设备排产作业、设备任务查询、员工作业、检验作业和库房作业几个功能模块，如图 1-19 所示。

图 1-19　生产执行中心功能模块

（1）生产设备配置。

"生产设备配置"界面如图 1-20 所示，可以进行产线生产设备的查询和新增，在"新增生产设备"界面可以定义设备编号、选择设备具备的生产工艺，并进行设备信息的备注。

图 1-20　"生产设备配置"界面

27

(2)设备排产作业。

"设备排产作业"界面如图1-21所示,可以查询所有派工到生产设备的生产任务,单击对应生产任务最后一列的【下发机加任务】或者【下发组装任务】按钮,可以进行任务的下发。

图1-21 "设备排产作业"界面

(3)设备任务查询。

"设备任务查询"界面如图1-22所示,登录用户可以查看到所有定义的生产设备及每个设备对应的具体生产任务,每个生产任务可追踪其详细的加工过程记录,对于执行异常未完成的任务,可以进行手动封闭任务操作。

图1-22 "设备任务查询"界面

(4)员工作业、检验作业、库房作业。

在"员工作业"界面中,登录用户可以查看到所有派工给自己的生产任务。

针对有检验属性的工序作业任务,需要由检验角色人员记录检验状态、检验内容等信息,在"检验作业"界面可以查看对应的检验信息。

在"库房作业"界面,计划下发后库房作业人员可根据已下发的生产任务做配套物料出库。

5 库房管理中心

库房管理中心用于对 MES 系统应用范围内物料接收、存储、提取、搬运等信息的监控和管理,包含图 1-23 所示的子功能模块。

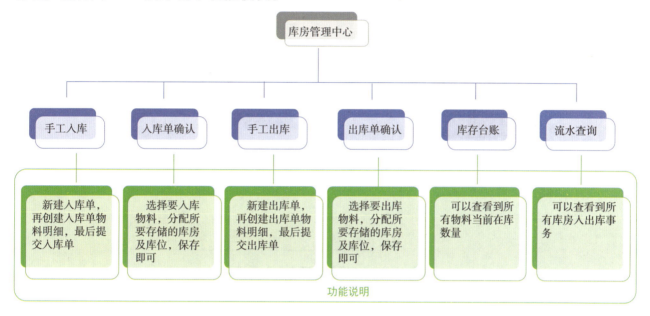

图 1-23 库房管理中心功能模块

在"手工入库"界面,可以新建入库单,再创建入库单物料明细,最后提交入库单。

在"入库单确认"界面,可以根据已提交的入库单做登账操作。选择要入库物料,分配所要存储的库房及库位,保存即可。

在"手工出库"界面,可以新建出库单,再创建出库单物料明细,最后提交出库单。

"出库单确认"界面中,可以根据已提交的出库单做登账操作。选择要出库物料,分配所要存储的库房及库位,保存即可。系统根据可用台账的创建时间先后,采用先入先出规则满足需求出库数量,库存不足时按最大可用数量做部分出库处理。

在"库存台账"界面中,可以查看到所有物料当前在库数量。

在"流水查询"菜单可以查看到所有库房入出库事务。

6 设备管理中心

设备管理中心包含设备信息维护、设备故障记录和设备保养记录子功能模块,如图 1-24 所示。

在"设备信息维护"界面,可以查看、导出所有已录入的设备信息,单击"新增"按钮将弹出"新增设备"表单,其中带"*"为必填项,信息录入完成后单击"保存"即可生成新增设备。

在"设备故障记录"界面可以查看既往设备的故障记录，也可以单击"新增"按钮，进入"新增设备故障记录"表单，录入新增故障记录信息。

在"设备保养记录"界面，可以查看既往设备保养的记录，也可以单击"新增"按钮，进入"新增设备保养记录"表单，录入新增设备保养信息。

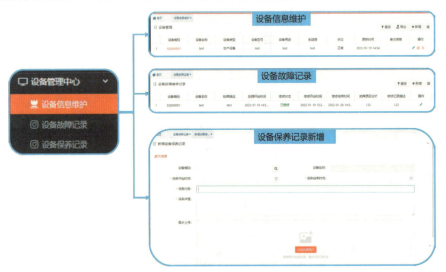

图 1-24 "设备管理中心"界面

(7) 信息监控中心

如图 1-25 所示，信息监控中心包含生产总体监控、原料加工监控、设备运行监控、产品组装监控、生产动态监控、视频监控、改造机床监控 1 和改造机床监控 2。

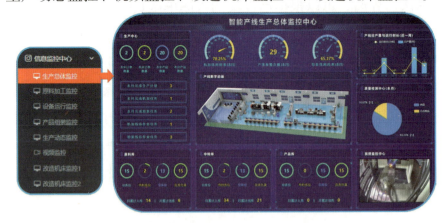

图 1-25 "生产总体监控"界面

(8) 文件管理工具

如图 1-26 所示，文件管理界面包含文件管理和文件分享两个功能模块，在文件管理处可以进行文件的上传、移动和查看，在文件分享处可以进行局域网内文件的共享。

图 1-26 文件管理工具界面

【任务评价】

任务评价如表 1-3 所示。

表 1-3 任务评价

阶段	序号	评分标准	配分	自评	教师评价
职业素养	1	积极参与团队任务，分工明确，团队协作高效	5		
	2	责任心强，勇于承担责任，不推卸问题和责任，对执行结果负责	5		
	3	任务完成后主动按照实训室要求对系统进行保存并恢复	5		
认识数字化车间	1	掌握数字化车间产品组成	10		
	2	掌握数字化车间生产原材料种类	10		
	3	掌握数字化车间组成及产品生产工艺	10		
PQFusion功能认知	1	掌握MES系统的系统管理中心功能组成	5		
	2	掌握MES系统的生产数据中心功能组成	5		
	3	掌握MES系统的工艺派工中心功能组成	10		
	4	掌握MES系统的生产执行中心功能组成	10		
	5	掌握MES系统的库房管理中心功能组成	5		
	6	掌握MES系统的设备管理中心功能组成	5		
	7	掌握MES系统的信息监控中心功能组成	10		
	8	掌握MES系统的文件管理中心功能组成	5		
合计					

【项目测评】

项目一 走进 MES 系统

知识测试

一、选择题

1. 典型的离散制造行业不包括（　　）。
   A. 机械制造　　　　　　B. 航空航天
   C. 石油化工　　　　　　D. 电子电器

2. 数字化车间中产品飞机模型由飞机机身、腹板、底座、支架四部分以及对应紧固螺钉组成。其中，（　　）和（　　）需要在数控机床中完成加工。
   A. 飞机机身、腹板　　　B. 腹板、底座
   C. 支架、底座　　　　　D. 飞机机身、底座

3. （　　）处可以定义并管理MES系统中的基础数据。
   A. 生产数据中心　　　　B. 系统管理中心
   C. 库房管理中心　　　　D. 文件管理工具

4. （　　）包含生产设备配置、设备排产作业、设备任务查询、员工作业、检验作业和库房作业几个功能模块。
   A. 生产数据中心　　　　B. 工艺派工中心
   C. 设备管理中心　　　　D. 生产执行中心

二、判断题

1. MES是针对企业整个生产制造过程进行管理和优化的集成运行系统。（　　）

2. 面向订单的离散制造企业，特点是品种固定、批量大、生产设备投资高，而且按照产品进行布置。（　　）

3. 流程生产行业和离散制造行业存在较大的差别，在MES具体实施上，要根据行业特征区别对待。（　　）

项目二
MES 系统用户操作与配置

项目导言

在制造企业中人力资源是较重要的资源，生产为达到以最少的投入向顾客提供满意产品的目的，关键在于依靠人员管理。MES 实施人员上岗资质管控，将合适的人配置于需要的岗位，通过人员时间管理有效管控作业时间，精确记录与分析人员作业绩效，实时监控人员动态。

在生产数据配置中，针对生产的产品，制作标准化工艺路线和工序管理，可以根据实际需要对工艺路线和工序及时做调整，满足市场多样化和柔性生产的需求。

知识目标

- 了解 MES 标准中的人员模型及典型公司组成中的人员信息。
- 理解 PQFusion 管控一体化 MES 系统中的角色及权限。
- 认识数字化车间并掌握生产数据类型及审批流程。

能力目标

能够在 MES 系统中进行组织管理、权限分配与生产数据的管理，并能完成审批流程的配置。

情感目标

培养敏锐的信息技术素养和全局的系统性思维。

工作任务

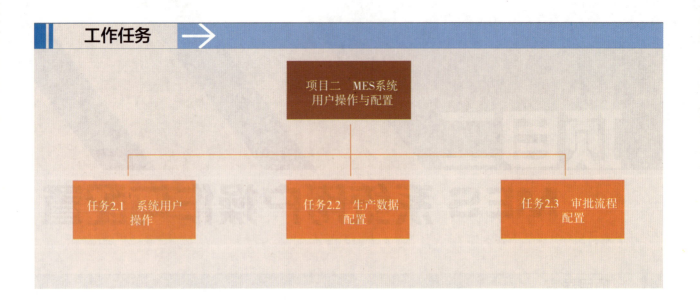

任务 2.1 系统用户操作

【任务描述】

某公司完成了生产线 MES 系统的部署,现在 MES 系统的系统管理员要构建机构信息、公司信息、用户信息、岗位信息和角色信息,如图 2-1 所示。

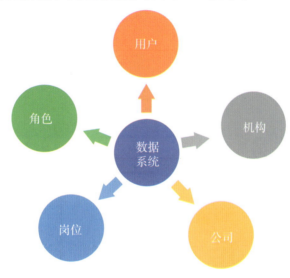

图 2-1 系统数据结构

【任务目标】

掌握组织管理的配置方法。

掌握人员管理的配置方法。

【任务准备】

PQFusion 管控一体化 MES 系统的平台。

【岗位参与】

人事主管、人事专员、车间主任。

【课时安排】

建议学时共4学时,其中相关知识学习建议2课时,学员练习建议2课时。

【知识储备】

1. MES标准中的人员模型

SJ/T 11666.1—2016标准中规定了MES系统的人员模型,这些人员模型在MES系统中均将被赋予不同的生产制造中的角色操作权限。

MES系统中"人员类"是指人员分类,不是现实世界人的种类。MES系统人员模型包括关于特定人员、人员类以及人员资格的信息,具体如图2-2所示,下面分别就图中的名词进行讲解。

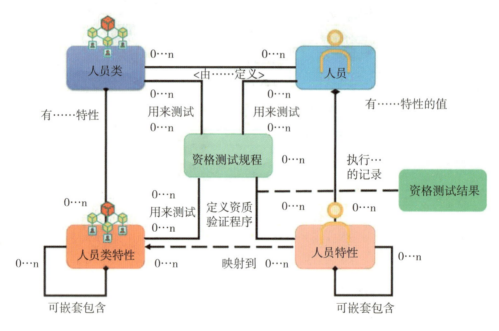

图2-2 人员模型

1) 人员类

将制造运行定义、调度、能力和绩效信息域中具有类似特征的人员进行分组定义,这一类别的表示法称为一个人员类。任何人员都可以是一个或更多个人员类的一个成员。一个人员类可通过资格测试规程进行资质验证。

2) 人员类特性

人员类中的特性属性称为人员类特性。每个人员类应有零或更多个识别特性。

注：人员类操作员中的人员类特性的例子有：类1认证的、类2认证的、夜班以及参加工作小时。生产请求可能规定一个产品段所需要的人员类特性需求。

一个人员类特性可通过资格测试规程进行资质验证。人员类特性可嵌套包含。

3) 人员

可独立确定的个体称为人员。一个人员可以是零个人员类或多个人员类的成员。一个人员可通过资格测试规程进行资质验证。人员应该包括个体的唯一标识。

4) 人员特性

人员特性可表示为人员的特性的列表。每个人员应有零个特性或多个特性。这些特性指明了有关人员特性的人员的当前特性值。

人员特性可以包括一个人员的当前可用性和其他的当前信息，例如地点和分配的活动，以及当前信息的测量单位。

5) 资格测试规程

资格测试的表示法应表示为一种资格测试规程。资格测试规程可能与人员类特性或人员的特性二者中的任一种或二者有关。在需要资格测试以保证一个人员对特定操作已有正确的培训和/或经验的情况下，通常要用到这种测试规程。一种资格测试规程可以对一个或多个特性进行测试。

资格测试规程应包括：测试的标识、测试的版本、测试的描述。

6) 资格测试结果

某个人员从资格测试得出的结果可表示为资格测试结果。资格测试结果应包括：测试日期、测试结果、资格失效日期。

2. 典型公司组成中的人员信息

下面我们依据典型公司组织信息，进一步学习 MES 系统人员的信息。典型的公司组织架构如图 2-3 所示，一个集团下属多个分公司或者子公司，每个公司下属多个机构部门，每个机构部门下又包含了多名员工，属于公司高层的管理人员、下属机构中的中层管理人员以及基层员工在 MES 系统应用中均将被分配对应的个人独立用户账号。

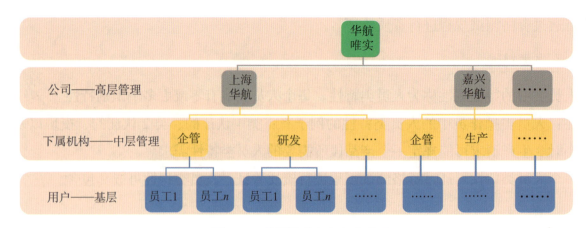

图 2-3 典型的公司组织架构

基于上述典型公司组织，我们可以很好地理解 MES 标准中人员模型信息，如可以按照在公司组织中机构的不同进行人员类的分类，如研发类人员与企业管理类别人员，其具备的人员特性有所区别，而同处于研发类人员下属的技术人员和研究人员，其人员特性将再做细分，如研究人员可以定义为从事研究开发项目的专业人员，技术人员可以定义为具有工程技术、自然科学和生命科学中一个或一个以上领域的技术知识和经验的人员，在研究人员的指导下参加研发活动。

对于不同人员类、人员特性的要求，可以针对性地开展资格测试并根据资格测试结果决定其在公司组织中下一阶段发展中的人员划分类别。

在 PQFusion 管控一体化 MES 系统中，上述人员信息的定义在图 2-4 所示的组织管理功能中进行。

图 2-4 组织管理树

3. 角色及权限

在 PQFusion 管控一体化 MES 系统中，权限管理分为两类：一类是系统角色，如二级管理员，主要使用的用户是 MES 系统的运行维护人员或者开发人员；另一类是生产管理中的参与者，如部门经理、普通员工等。权限管理信息的管理在图 2-5 所示的组织管理功能中进行。

在 MES 系统中，针对公司组织中不同人员类的特性及工作内容，其用户账号将被赋予不同的角色及权限，下面以典型生产车间为例，讲解 PQFusion 管控一体化 MES 系统生产管理中角色及权限的功能。

在研发生产中心，车间是主要生产活动的场所。生产车间执行任务时，根据计划部指定的生产计划，在质量部门的质量保证监督下，将研发部门设计开发的产品，按照工程部设计的生产工艺，完成产品的生产。

需要注意的是不同的企业采用的岗位名称不同，但是具体的岗位职能及车间的作业流程

图 2-5 权限管理功能界面

大同小异，任务以图 2-6 所示的生产体系结构为例，举例对 MES 系统中的人员角色及权限进行说明，在 MES 系统中不同角色的系统操作权限与其职责的差异相关。

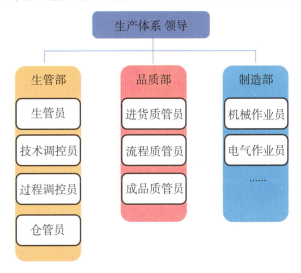

图 2-6　生产车间的典型组织架构

生产体系的领导主要负责车间"人""机""料""法""环"的全面管理，并且需要与公司的其他部门及时地沟通与交互。在 MES 系统中，生产体系负责人角色应具备生产过程中所需的所有操作权限，且具备与外部门体系交互的部分权限，相关功能如表 1-2 所示。

生管部中，生管员需要根据作业计划定义、调整、检查和关闭产品生产过程，保证生产资源和作业计划的动态、高效匹配，同时生管员需要与生产体系内部及公司的产品研发体系进行作业计划和工艺文件等的信息交互，所以在系统中需要配备对应的生产管理权限，以使生管员可以完全履行其角色的职能。

品质部中，质管员相关角色需要制定相应的质检计划，对物料、产品和设备进行测试，检查和控制质量保证过程，保证生产对象、条件和过程符合质量要求，与产品研发体系、制造部以及生管部的仓管员均需有信息的交互，所以在 MES 系统中，质管员角色应具备质量检测和信息反馈交互中所需的所有操作权限，从而完全地履行角色的对应职责。

【任务实施】

1. 机构管理

任务：在机构管理中，按照表 2-1 所示构建机构信息，其中机构代码自拟。

表 2-1 机构信息

公司	中心	部门	子部门
××公司	生产中心	生产部	机械装配部
			电气调试部
			调试部
		财务部	
		品质部	
	研发中心	设计部	
		信息化部	
	运营中心	资源开发部	

机构管理有机构信息的新增、修改、查询、删除、停用、展开/折叠层级、新增下级机构等功能。在机构管理中定义一个企业包括一个或者多个工厂，工厂又细化分割为不同的部门组织。机构信息关联用户信息、加工单元信息，主要对于系统管理员开放用于系统基础数据维护。机构管理流程如表 2-2 所示。

表 2-2 机构管理流程

① 单击"机构管理"菜单可默认查询到该租户下所有已创建组织机构信息，同时提供查询、刷新、展开、折叠、新增等功能

② 单击"新增"按钮跳转到"新增机构"界面，其中带"*"文本框为必填项，可输入机构名称、机构代码、上级机构等内容，完成后保存即可

2. 公司管理

任务：在公司管理中，按照表2-3所示构建公司信息，其中公司编码自拟。

表2-3 公司信息

公司名称	包含机构
北京总公司	设计部、财务部
上海分公司	信息化部、资源开发部
广州分公司	生产部、品质部

公司管理有公司信息的新增、修改、查询、删除、停用、刷新、展开/折叠层级、新增下级公司等功能。用户数据权限可根据公司信息划分，主要对于系统管理员开放用于系统基础数据维护。公司管理流程如表2-4所示。

表2-4 公司管理流程

① 单击"公司管理"菜单可默认查询到该租户下所有已创建公司信息，同时提供查询、刷新、展开、折叠、新增等功能

② 单击"新增"按钮跳转到"新增公司"界面，其中带"*"文本框为必填项。可输入公司名称、公司编码、公司全称、排序号等内容，完成后保存即可

3. 用户管理

任务：如表 2-5 所示，在用户管理中构建用户信息，其中登录账号自拟；在岗位管理中构建岗位信息，其中岗位编码自拟；在角色管理中构建角色信息，其中角色编码与权限自拟。

表 2-5 人员信息

用户昵称	归属机构	岗位	角色
刘大	设计部	管理岗位	工艺设计员
关二	信息化部	管理岗位	生产计划员
张三	机械装配部	技术岗位	车间主任
李四	财务部	技术岗位	库房管理员
王五	电气调试部	技术岗位	车间员工
赵六	调试部	技术岗位	车间员工
徐七	品质部	管理岗位	车间调度员

用户管理有用户信息的新增、修改、查询、删除、禁用、分配角色、数据权限、重置密码等功能。用户管理用于管理用户登录账号、登录密码；分配用户所属角色，根据员工的角色规划不同的系统权限；分配用户所属组织架构数据权限。用户管理具体流程如表 2-6 所示。

表 2-6 用户管理具体流程

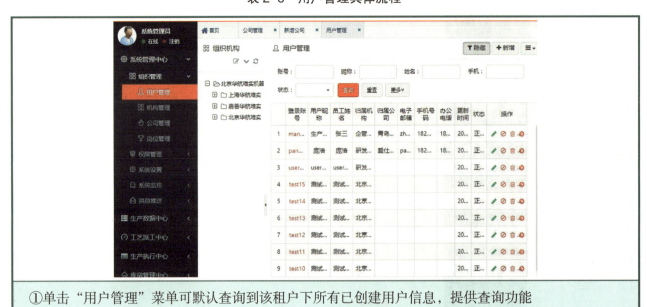

①单击"用户管理"菜单可默认查询到该租户下所有已创建用户信息，提供查询功能

续表

②单击"新增"按钮跳转到"新增用户"界面,其中带"*"文本框为必填项,可输入用户基本信息、详细信息、分配用户角色

③图示为可分配的角色内容,分配完成后单击"保存",用户即可完成新建

4. 岗位管理

岗位管理有岗位信息的新增、修改、查询、删除、停用等功能。岗位管理流程如表2-7所示。

表2-7 岗位管理流程

①单击"岗位管理"菜单可默认查询到该租户下所有已创建的岗位信息,同时提供查询、编辑、禁用、新增等功能

续表

②单击"新增"按钮跳转到"新增岗位"界面,其中带"*"文本框为必填项,可输入岗位名称、岗位编码等内容,完成后保存即可

5.角色管理

角色管理有角色信息的新增、修改、查询、删除、停用、授权菜单、分配用户等功能。在角色授权菜单中,可以根据角色信息配置对应菜单名称。角色管理流程如表2-8所示。

表2-8 角色管理流程

①单击"角色管理"菜单可默认查询到该租户下所有已创建的角色信息,同时提供新增、查询、编辑、删除、停用、授权菜单、分配用户等功能

续表

②单击"新增"按钮跳转到"新增角色"界面,其中带"*"文本框为必填项,可输入角色名称、角色编码、排序号、是否系统角色、授权功能菜单等内容,完成后保存即可

【任务评价】

任务评价如表2-9所示。

表2-9 任务评价

阶段	序号	评分标准	配分	自评	教师评价
职业素养	1	积极参与团队任务,分工明确,团队协作高效	5		
	2	责任心强,勇于承担责任,不推卸问题和责任,对执行结果负责	5		
	3	仼务完成后主动按照实训室要求对系统进行保存并恢复	10		
组织管理	1	掌握机构管理的配置方法	10		
	2	掌握公司管理的配置方法	10		
人员管理	1	掌握用户管理的配置方法	20		
	2	掌握岗位管理的配置方法	20		
	3	掌握角色管理的配置方法	20		
合计					

任务 2.2　生产数据配置

【任务描述】

在开始生产之前，MES 系统内的生产数据需要配置完成。其中，库房管理员需要在 MES 系统内建立与实际相应的库房库位，用来存放生产原料和生产成品，还需要将实际的物料信息输入至 MES 系统内，用来 MES 系统对物料登账。生产计划员需要在 MES 系统内根据员工信息建立生产所需的生产班组和加工单元，用来规划生产时人员的安排。工艺设计员需要将产品生产的工艺流程和工艺内容上传至 MES 系统内，用来指导生产制造。

在本任务中，需要从"人、机、料、法、环、测"几个方面来配置 MES 的基本生产数据，如图 2-7 所示。

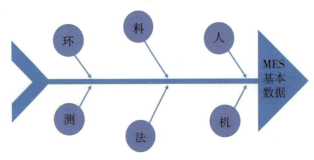

图 2-7　MES 基础数据结构

【任务目标】

掌握库房库位定义的配置方法。
掌握物料信息定义的配置方法。
掌握班组员工定义的配置方法。
掌握加工单元定义的配置方法。
掌握工序信息定义的配置方法。
掌握工艺流程定义的配置方法。
掌握工艺内容编制的配置方法。

项目二　MES 系统用户操作与配置

【任务准备】

PQFusion 管控一体化 MES 系统的平台。

【岗位参与】

车间主任、系统管理员、生产主管、工艺规划师。

【课时安排】

建议学时共 4 学时，其中相关知识学习建议 1 课时；学员练习建议 3 课时。

【知识储备】

1. 认识数字化车间

(1) 数字化车间产品及原材料

本文所述 MES 系统不仅应用于任务 1.1 提及的流程型智能制造领域还可以应用于离散型制造领域，为了更好地学习 MES 系统的操作及应用技术，后续任务将以图 2-8 所示流程型工艺品的生产过程为例，进行讲解。

（1）产品。

如图 2-8 所示，飞机模型由飞机机身、腹板、底座、支架四部分以及对应紧固螺钉组成。其中，飞机机身是完成的阶段性产品，支架是已经加工完成的标准件；腹板和底座需要在数控机床上完成加工。飞机模型各部分加工完成后，需要经检测、组装和打包入库等流程完成。

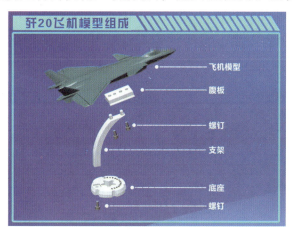

图 2-8　飞机模型组成

根据加工工艺的不同，可以将底座分为图 2-9 所示的两种类型，A 类底座无须在底座毛坯表面加工"五角星"凹槽，只需要通过激光雕刻进行自定义图案的加工，B 类底座需要在底座毛坯表面加工"五角星"凹槽并通过激光雕刻进行自定义文字的雕刻加工。同时，根据底座类型的不同，将产品划分为 A 类产品和 B 类产品。

图 2-9　底座类型

（2）生产原材料。

数字化产线生产的原材料包含图 2-8 所示的无须加工的组成部分和图 2-10 所示的待加工腹板毛坯及底座毛坯。

图 2-10　生产毛坯

2) 数字化车间组成及产品生产工艺

数字化车间的组成涵盖库房区域、加工单元和组装单元，如图 2-11 所示。完整的数字化车间可以实施原材料的自动化出库，通过智能物流（AGV 小车）运送至加工单元，实施毛坯的定制化加工，然后通过智能物流将完成加工的零件即其他产品组装所需配件一同运送至库房 2；在组装单元，成套的产品组装所需零配件将完成智能检测、装配以及最后的装箱，最后入库至库房 3。

图 2-11　数字化车间组成

（1）库房组成。

库房由图2-12所示的三部分组成，库房1即为原料库，包含15个库位，用于存放待加工的腹板毛坯和底座毛坯。库房2为中转库，包含15个库位，用于存放完成加工的腹板、底座（包含A类底座和B类底座）、飞机模型。库房3为产品库，包含15个库位，用于存放数字化车间的产品，包含A类组装模型和B类组装模型。另外，在组装单元还配备有线边库（图中未展示），用于存放支架以及组装需要的螺钉等零件。

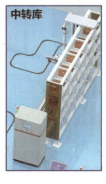

图2-12 库房组成

（2）加工单元。

加工单元由ABB IRB 2600工业机器人、导轨、数控车床、数控机床1、数控机床2、清洗机、工具库、辅助上料机构等组成，如图2-13所示。

图2-13 加工单元

加工单元工具库中放置有3种快换工具，如图2-14所示，工业机器人装载后可以完成零部件的抓取及转运。

上料机构主要用来将AGV小车送达的承载零部件的料盘运送至工业机器人的工作范围内，以便于工业机器人实施零部件的灵活转运，如图2-15所示。

图 2-14 工具库　　　　　　　　　图 2-15 上料机构

工业机器人将底座毛坯、腹板毛坯运送至数控车床、数控机床 1 或 2 处后，可以实施产品底座及腹板的加工，并进行吹屑等处理清理碎渣，然后加工单元完成加工的零部件将被放置在料盘中，转运至中转库中，如图 2-16 所示，最后通过 AGV 小车转运至组装单元。

图 2-16　加工单元完成加工的待装配零部件及飞机模型成品

（3）组装单元。

如图 2-17 所示，组装单元由检测站、组装站、贴标站组成。

首先 AGV 小车从中转库区域取料，并送料到检测站，进行 CCD 视觉检测，检测飞机机身、底座以及仿形盖板；完成检测后，飞机模型零部件随料盘跟随传送带运送至组装站，由组装站进行组装工序；完成飞机模型部分螺钉紧固及组装后，以上部件随料盘跟随传送带运动至贴标站，由贴标站完成整个自动装配的最后过程，最后由 AGV 小车运送成品飞机模型至产品库区域。

图 2-17　组装单元组成

检测站主要功能是控制 AGV 对接机构从 AGV 小车上取走料盘，工业机器人从料盘上取底座、腹板、机身进行 CCD 视觉检测，如图 2-18 所示。

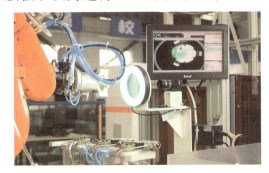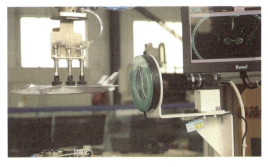

图 2-18　检测站视觉检测示意图

组装站的主要功能是安装机身与腹板、底座与支架，以及激光打标，如图 2-19 所示。

图 2-19　组装站功能演示

贴标站的主要功能是将完成组装的底座和支架、飞机模型与腹板组装在一起，然后将产品放入包装盒，贴条码，并将打包好的产品通过 AGV 对接机构送至 AGV 小车上进行入库完成打包，如图 2-20 所示。

图 2-20 贴标站功能演示

（4）工艺路线。

数字化车间集成了自动化仓储、智能物流、数控加工、工业机器人等智能制造相关的技术，支持多种定制化加工流程，本书将以图 2-21 所示的典型流程为例进行 MES 系统功能演示。

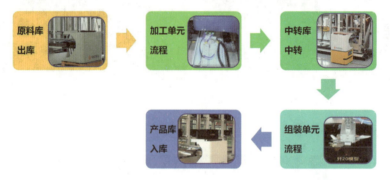

图 2-21 数字化车间典型流程

其中，数字化车间的工艺流程如图 2-22 所示，包含加工单元的加工工艺和组装单元的组装流程。生产工艺根据产品底座形式的不同，划分为 A 和 B 两种。

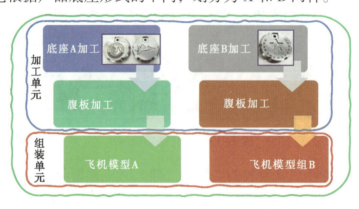

图 2-22 数字化车间的工艺流程

2. 物料管理

物料管理是对企业在生产中使用的各种物料的采购、保管和发放环节进行计划与控制等管理活动的总称。物料管理是企业生产执行的基础，它接收来自生产执行层的物料请求，通过一系列物料管理活动的执行，对生产执行层进行及时的物料响应，生产执行层再根据物料响应结果做进一步的生产执行决策。物料管理主要实现收料管理、物料仓储管理和发料管理三个基本功能。

企业的生产活动是把物料转化为产品的活动，在转化过程中还会有中间产品或在制品产生，如图2-23所示。所以，从广义的角度讲，物料管理的对象包含三个内容：物料、中间产品或在制品、最终产品。

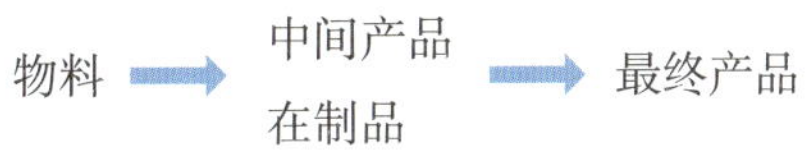

物料 → 中间产品/在制品 → 最终产品

图2-23 生产物料流

在面向库存的生产企业中，生产是按照基于销售预测的生产计划进行的，因此物料的采购也是按照计划来进行的，物料管理活动的目标是要满足计划性的生产要求，因此企业要维持一定的库存量，包括物料库存和产品库存。

在面向订单的生产企业中，生产是按照客户订单进行的，因此物料的采购是拉动式的，这就是精益生产方式。精益生产方式的核心是准时制生产，企业追求零库存，包括物料库存和产品库存，物料管理流程有仓位管理、编辑订单文件、导入订单、采购、物料入库、物料出库、物料打包。

3. 生产工艺

工艺是指劳动者利用各类生产工具对各种原材料、半成品进行加工或处理，最终使之成为成品的方法与过程。

通常我们用流程图来表示工艺路线（图2-24），流程图由当前工位、结果、下一工位组合而成，工艺路线表达了产品完整的生产周期。一个产品可以定义若干个工艺路线，如试生产工艺路线、量产工艺路线、返工工艺路线等。但是一个工单只能驱动一条工艺路线，因此工单从ERP刷新到MES后，在生产之前，必须由车间主管或生产线组长指定工单到某一工艺路线。

图 2-24 工艺流程图

生产工艺流程,是指在生产过程中,劳动者利用生产工具将各种原材料、半成品通过一定的设备、按照一定的顺序连续进行加工,最终使之成为成品的方法与过程。原则是:技术先进和经济上的合理。

由于不同工厂的设备生产能力、精度以及工人熟练程度等因素都大不相同,所以对于同一种产品而言,不同的工厂制定的工艺可能是不同的;甚至同一个工厂在不同的时期做的工艺也可能不同。可见,就某一产品而言,生产工艺流程具有不确定性和不唯一性。

生产工艺流程定义包含:

(1)生产工艺流程优化机制。

生产工艺流程并不是稳定不变的,随着技术的不断变化,人员的能动性能相应给工艺的改进提出更合理的建议,每一个细节的变更都可能对整个工艺流程的优化产生良好的效果。企业应创建相应的生产工艺流程优化机制。

(2)工艺流程优化。

工艺流程优化是一项策略,通过不断发展、完善、优化业务流程保持企业的竞争优势。在流程的设计和实施过程中,要对流程进行不断的改进,以期取得最佳的效果。对现有工作流程的梳理、完善和改进的过程,称为流程的优化。

生产工艺流程协调主要有生产工艺流程相关各部门间的安排与协调等。产品实现的过程中涉及的部门与环节非常广,相关部门的管理者既需要清楚本部门在产品实现的过程中承担哪些责任,同时还须掌握必要的方法和工具,才能保证整个生产工艺流程的顺畅及高效。协调的主要方法有:

①协调要做到说明白情况,告知其公司意图,请求工序间能够理解,同时也告知其不执行的不良后果及造成的影响。

②对方提出异议要认真倾听,表示尊重,尽量给予解决和答复。

③利用你手中资源尽量给予帮助。

④如果协调无果,马上回来请求上级支援。

4. 工序管理

工序是指一个(或一组)工人在一个工作地对一个(或几个)劳动对象连续进行生产活

动的综合，是组成生产过程的基本单位，如图 2-25 所示。根据性质和任务的不同，可分为工艺工序、检验工序、运输工序等。各个工序，按加工工艺过程可细分为各个工步；按其劳动过程，可细分为若干操作。划分工序所制约的因素有：生产工艺及设备的特点、生产技术的具体要求、劳动分工和劳动生产率能提供的条件。

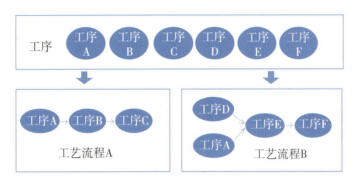

图 2-25　工序与工艺的关系

5. 工艺卡介绍

工艺卡主要用来描述加工安排，就是以设计文件为依据，按照工艺文件的工艺规程和具体要求，把各种零件安装在指定位置上，构成具有一定功能的完整的产品。工艺卡是用来指导工人加工的，一般简易的工艺卡中需编制简易的工艺流程、工序名称、工装等。固定产品的工艺卡比较复杂，每一工步都需编制卡片，卡片中包含本工序加工图、加工刀具、测量量具、设备、定位等。生产工艺卡如图 2-26 所示。

图 2-26　生产工艺卡

6. 加工单元

加工单元也叫单元生产（cell production），是精益生产的一个模块。单元生产是一种生产线设置方法，指生产线按照流程布局成一个完整的作业单元，作业员在单元内进行目标为一个工序的作业。

通过单元生产，公司可以尽可能小的成本来制造出一系列的满足顾客需要的产品。在CELL化生产中，设备和厂房被以特定的顺序安排，通过这种安排，材料和零件能够以最小的搬运或延误完成流程。

【任务实施】

1. 库房库位定义

任务：按照表2-10在库房库位中构建库房信息。

表2-10 库房信息

库房名称	库房类型	组	排	层	列
原料库房	原材料库	1	2	3	4
成品库房	产品库	1	1	5	7

库房库位定义包括库房基础信息的新增、修改、查询、删除、禁用等功能。库位信息根据立体库组、排、层、列自动生成，其中库房编码是系统中库房数据的识别码，库位编码是立体库货位的具体存放坐标。库房库位定义流程如表2-11所示。

表2-11 库房库位定义流程

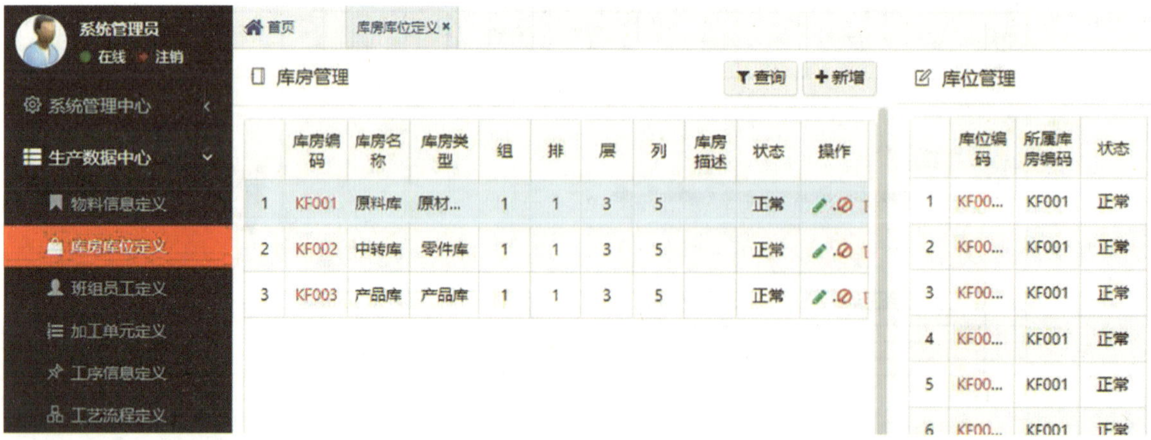

① 单击"库房库位定义"菜单可默认查询到已创建的所有库房库位信息，同时提供新增、查询、编辑、删除、停用等功能

续表

②单击"新增"按钮弹出"新增库房"表单,其中库房编码系统自动生成;库房名称为手工输入有效长度为64个字符(即输入64个字符之后,用户的输入将不再显示);库房类型在系统下拉选择;库房规格信息中定义了组、排、层、列规格属性,其中库位编码根据库房规格自动生成

2. 物料信息定义

任务:按照表2-12在物料信息定义中,构建物料信息,其中计量单位、规格/型号和材质自拟。

表2-12 物料信息

物料名称	物料类型
螺钉	原材料
电源	零件
电动机	标准件
飞机模型	产品
垫圈	零件
底座	成品

物料信息定义包含物料信息的新增、修改、查询、删除、禁用、导入等功能。其中物料基础信息包括:物料编码、物料名称、物料类型、计量单位、规格/型号、材质、状态等信息。物料信息定义流程如表2-13所示。

表 2-13 物料信息定义流程

①单击"物料信息定义"菜单可默认查询到已创建的所有物料信息，同时提供新增、查询、编辑、删除、停用、导入等功能

②单击"新增"按钮弹出"新增物料数据"表单，填写带"*"的必填项

③也可以单击"导入"按钮弹出"导入物料数据"弹窗，可选择已整理好的物料数据模板上传或者下载模板，按模板整理数据。导入过程中系统会自动校验，错误信息给出提示

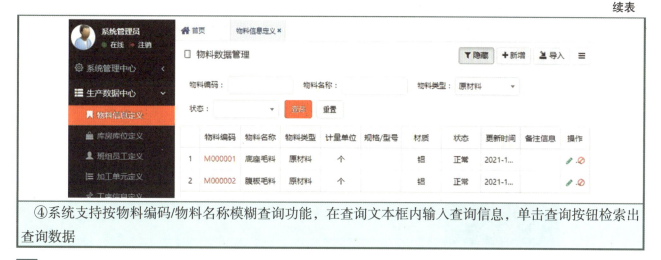

④系统支持按物料编码/物料名称模糊查询功能，在查询文本框内输入查询信息，单击查询按钮检索出查询数据

3. 班组员工定义

任务：按照表2-14在班组员工定义中，构建班组信息，其中班组代码自拟。

表2-14 班组信息

班组名称	班组员工
机械装配一组	王五、赵六
机械装配二组	张三、李四
电气调试组	张三、王五
调试组	刘大

班组员工定义包含班组信息的新增、修改、查询、删除、禁用等功能。班组会关联到下属员工信息。班组用于车间生产任务的具体派工对象。班组员工定义流程如表2-15所示。

表2-15 班组员工定义流程

①单击"班组员工定义"菜单可默认查询到已创建的所有班组信息，同时提供新增、查询、编辑、删除、停用等功能。左边为班组表，右边为关联员工表

续表

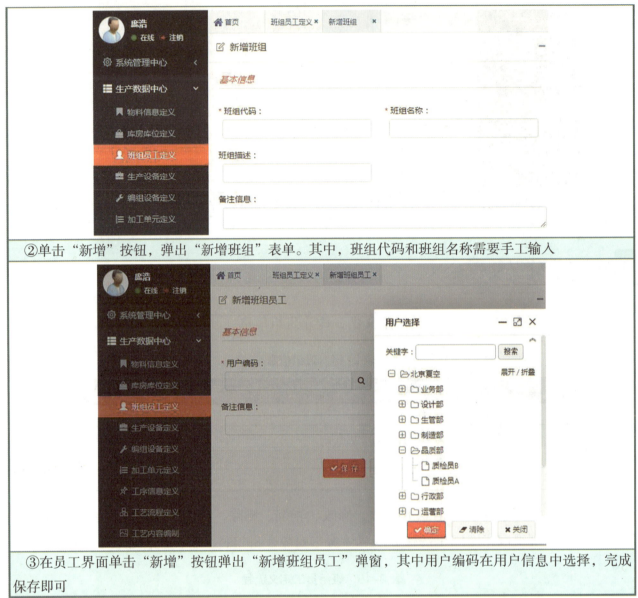

②单击"新增"按钮,弹出"新增班组"表单。其中,班组代码和班组名称需要手工输入

③在员工界面单击"新增"按钮弹出"新增班组员工"弹窗,其中用户编码在用户信息中选择,完成保存即可

4. 加工单元定义

任务:按照表 2-16 在加工单元定义中构建加工单元信息,其中加工单元代码自拟。

表 2-16 加工单元信息

加工单元名称	加工单元类型	是否有线边库	日标准产能	加工单元班组
组装线	设备作业单元	无	8	机械装配一组

加工单元定义包含加工单元的新增、修改、查询、删除、禁用等功能。加工单元会关联到所属作业班组,用于车间计划下发的具体接收对象。加工单元定义流程如表 2-17 所示。

表 2-17　加工单元定义流程

①单击"加工单元定义"菜单默认查询到已创建的所有加工单元信息,同时提供新增、查询、编辑、删除、停用等功能

②单击"新增"按钮,弹出"新增加工单元"表单。其中,加工单元代码和加工单元名称需要手工输入

③在加工单元班组界面单击"新增"按钮弹出"新增加工单元班组"弹窗,其中选择班组信息保存即可

5. 工序信息定义

任务：按照表2-18在工序信息定义中，构建工序信息。

表2-18 工序信息

工序名称	加工单元	工序工时	制造周期
底座装配	机械加工单元	8	16
机身加工	机械加工单元	8	32

工序信息定义包含工序信息的新增、编辑、查询、删除等功能。其中：

工序：组成产品生产过程的基本单元。

工序编号：系统中工序的唯一标识，由"GX"+6位流水号组成。

工序名称：制造产品或零件的部分工作内容概括。

加工单元名称：指工序在生产作业中的具体作业平台，生产计划下发的接收对象。

主制部门：指加工单元所属组织架构。

工序工时：指该工序作业完成可供作业员工分配工时。

制造周期：指该工序从开始作业至工序完工的所需时间。

工序信息定义流程如表2-19所示。

表2-19 工序信息定义流程

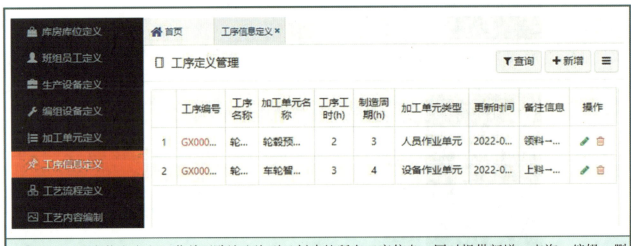

①单击"工序信息定义"菜单可默认查询到已创建的所有工序信息，同时提供新增、查询、编辑、删除等功能

续表

② 单击"新增"按钮弹出"新增工序定义"表单，其中字段后带"*"为必填项。信息录入完成后单击"保存"按钮即可生效，单击"关闭"按钮则关闭表单

6. 工艺流程定义

任务：按照图 2-27 所示流程，在工艺流程定义中构建工艺流程，其中产品选择为机器人工作站，工艺编码自拟。

图 2-27 机器人工作站流程图

工艺流程定义可以根据工序串、并行结构，结合各工序制造周期和生产订单的交付日期或者开始生产日期，计算出车间工序级作业计划的时间依据。其中包含：

工艺路线：描述生产产品所用工序顺序，将为每道工序分配工序编号和后续工序。

选择产品：具体的生产对象。

工序结构：按产品生产流程倒排工序，以树形结构存储。

连续工序：每道工序只能有一个后续工序，而整个工艺路线只能在一道工序中结束。

并行工序：前道工序有多道后续工序，生产时会并行运行。

工艺流程定义流程如表 2-20 所示。

表 2-20 工艺流程定义流程

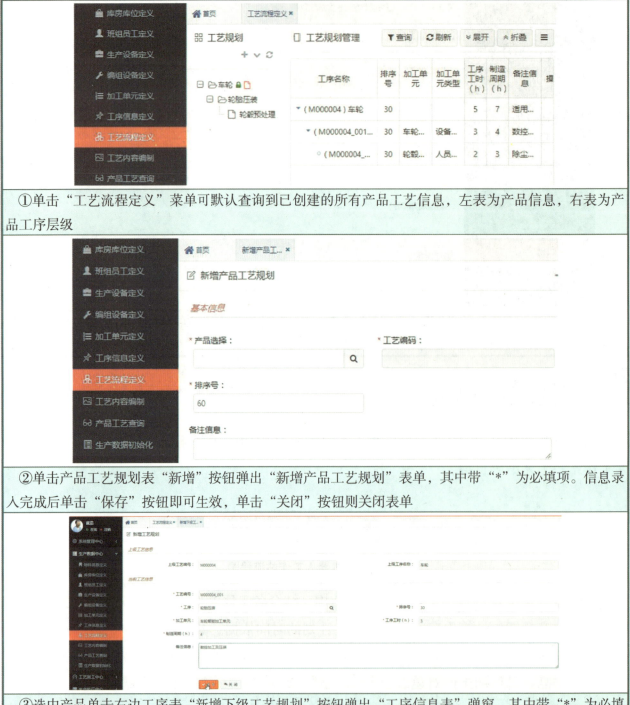

①单击"工艺流程定义"菜单可默认查询到已创建的所有产品工艺信息,左表为产品信息,右表为产品工序层级

②单击产品工艺规划表"新增"按钮弹出"新增产品工艺规划"表单,其中带"*"为必填项。信息录入完成后单击"保存"按钮即可生效,单击"关闭"按钮则关闭表单

③选中产品单击右边工序表"新增下级工艺规划"按钮弹出"工序信息表"弹窗,其中带"*"为必填项。信息录入完成后单击"保存"按钮即可生效,单击"关闭"按钮则关闭表单

7. 工艺内容编制

任务:在工艺内容编制中,根据图 2-28 和图 2-29 所示的工艺卡,完成相应的工艺内容编制。

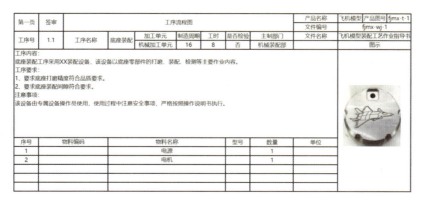

图 2-28 底座装配工艺卡

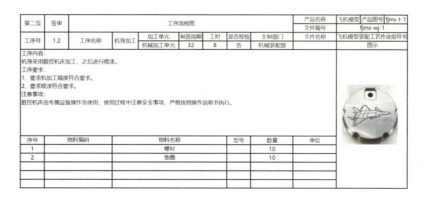

图 2-29 机身加工工艺卡

工艺内容编制主要负责对工艺进行详细的编制，用于指导作业者按照指导书进行作业，能快速、准确、安全地完成作业内容。包含 7 个方面：工序主信息、工序内容、工序要求、注意事项、工装设备、技术文档和备料清单。需要注意的是工序作业内容编制未完成不允许计算订单生成车间作业任务。

工艺内容编制流程如表 2-21 所示。

表 2-21 工艺内容编制流程

①选中创建好的产品工序单击"开始编制"按钮，开始编制工序内容、工序要求、注意事项、工装设备、技术文档、备料清单等内容

续表

②编制到那节点序号上会有颜色状态提示,在产品上也会有相应进度提醒,如工序完成编制则提示绿色√

【任务评价】

任务评价如表 2-22 所示。

表 2-22 任务评价

阶段	序号	评分标准	配分	自评	教师评价
职业素养	1	积极参与团队任务,分工明确,团队协作高效	10		
	2	责任心强,勇于承担责任,不推卸问题和责任,对执行结果负责	10		
	3	任务完成后主动按照实训室要求对系统进行保存并恢复	10		
生产数据配置	1	掌握库房库位定义方法	10		
	2	掌握物料信息定义方法	10		
	3	掌握班组员工定义方法	10		
	4	掌握加工单元定义方法	10		
	5	掌握工序信息定义方法	10		
	6	掌握工艺流程定义方法	10		
	7	掌握工艺内容编制方法	10		
合计					

任务 2.3 审批流程配置

【任务描述】

在生产订单录入、产品出库等生产环节中,通常需要相关人员审批。审批通过后,后续工作才能继续进行。在本任务中,系统管理员要根据生产环节制定相应的审批流程。

【任务目标】

掌握审批流程的配置方法。

【任务准备】

PQFusion 管控一体化 MES 系统的平台。

【岗位参与】

人事主管、系统管理员。

【课时安排】

建议学时共 4 学时,其中相关知识学习建议 1 课时;学员练习建议 3 课时。

【知识储备】

1. 流程管理

流程管理(process management),是一种以规范化的构造端到端的卓越业务流程为中心,以持续的提高组织业务绩效为目的的系统化方法,常见商业管理教育如 EMBA、MBA 等均对"流程管理"有所介绍,有时也被称为 BPM 业务流程管理。它应该是一个操作性的定位描述,指的是流程分析、流程定义与重定义、资源分配、时间安排、流程质量与效率测评、流程优化等。

流程管理的目的是：

（1）通过精细化管理提高受控程度；

（2）通过流程的优化提高工作效率；

（3）通过制度或规范使隐性知识显性化；

（4）通过流程化管理提高资源合理配置程度；

（5）快速实现管理复制。

2. 流程图

以特定的图形符号加上说明表示算法的图，称为流程图或框图。

流程图是流经一个系统的信息流、观点流或部件流的图形代表。在企业中，流程图主要用来说明某一过程。这种过程既可以是生产线上的工艺流程，也可以是完成一项任务必需的管理过程。

例如，一张流程图能够成为解释某个零件的制造工序，甚至组织决策制定程序的方式之一。这些过程的各个阶段均用图形块表示，不同图形块之间以箭头相连，代表它们在系统内的流动方向。下一步何去何从，要取决于上一步的结果，典型做法是用"是"或"否"的逻辑分支加以判断。

流程图是揭示和掌握封闭系统运动状况的有效方式。作为诊断工具，它能够辅助决策制定，让管理者清楚地知道，问题可能出在什么地方，从而确定出可供选择的行动方案。

流程图有时也称作输入-输出图，该图直观地描述一个工作过程的具体步骤。流程图对准确了解事情是如何进行的，以及决定应如何改进过程极有帮助。这一方法可以用于整个企业，以便直观地跟踪和图解企业的运作方式。

流程图使用一些标准符号代表某些类型的动作，如决策用菱形框表示，具体活动用方框表示。但比这些符号规定更重要的是必须清楚地描述工作过程的顺序。流程图也可用于设计改进工作过程，具体做法是先画出事情应该怎么做，再将其与实际情况进行比较。

3. 流程图符号

在流程图里箭头表示控制流，也就是流程的指向。圆形或者圆边矩形代表流程的起始或者终止。箭头从起始框开始，最终流向终止框，也就表示流程从起始框开始，到终止框结束。矩形代表执行框，表示的是执行的任务。执行框可以有多个输入流。在线性流程里，执行框只有1个输出流；在并行流程里，可以有多输出流。菱形代表判断框，表示逻辑条件。当出现逻辑判断的时候，就用判断框指向不同的判断结果。在菱形框内写判断的条件，在输出的流向里写不同判断条件的情况。常见的流程图符号如图 2-30 所示。

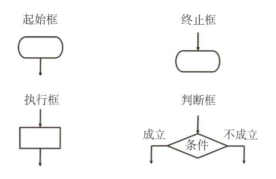

图 2-30 流程图符号

【任务实施】

1. 审批流程配置

任务：在流程管控中，建立生产订单录入的审批流程。要求：由生产计划员发起订单审批，车间主任对订单进行审核。只有当审核通过后，生产订单才能生效。

在生产订单下发之前，要配置好生产订单的审批流程。审批流程配置步骤如表 2-23 所示。

表 2-23 审批流程配置步骤

①选择"流程配置工具"→"流程管控"→"流程分类管理"，单击右上角的"新增"按钮，创建一个新的流程大类

续表

②填写流程的名称与编码，完成后单击"保存"

③选择"流程配置工具"→"流程管控"→"流程模型设计"，单击右上角的"创建流程"按钮，创建一个新的流程

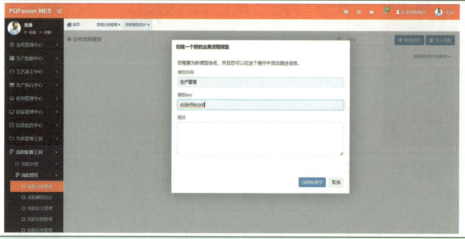

④填写模型名称和模型key。由于接下来要做生产订单的审批，所以模型key必须为"orderRecord"。完成后单击"创建新模型"

续表

⑤在左侧"任务活动"下,拖动两个"用户任务"到流程界面。第一个用户任务为生产计划的发起者,在这里设定为生产计划员。第二个用户任务为生产计划的审批者,在这里设定为车间主任

⑥在左侧"结束事件"下,拖动一个"结束事件"到流程界面

⑦选中第一个用户任务,在底下单击"分配用户"

续表

⑧"分配"的下拉菜单中选择"候选组",并且在"搜索"位置选择"生产计划员",之后单击"保存"。依照同样的方法,给第二个用户任务分配车间主任这一角色

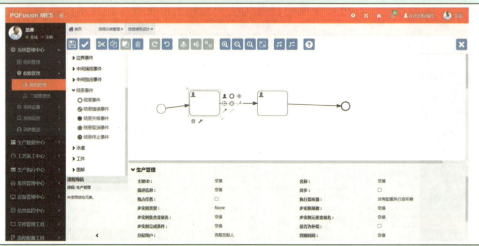

⑨利用每个事件右侧的箭头,从开始事件经过用户任务事件到结束事件,将它们串联起来。完成后,单击左上角的保存按钮,选择"保存和关闭编辑器"

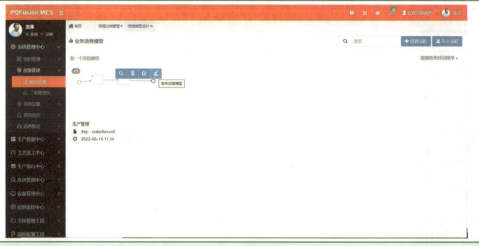

⑩单击新创建的流程模型缩略图右上角的"发布流程模型"图标,将该流程模型发布。在发布流程模型界面,"流程分类"选择之前创建好的流程大类

续表

⑪选择"流程配置工具"→"流程管控"→"流程定义管理",单击流程右侧的"业务关联"按钮

⑫单击右上角的"新增流程表单"

⑬在"流程标题"右侧单击"选择脚本",插入"流程标题生成脚本"。在"PC表单地址"右侧单击"选择脚本",插入"流程表单地址(PC、手机)"。最后单击"保存"

续表

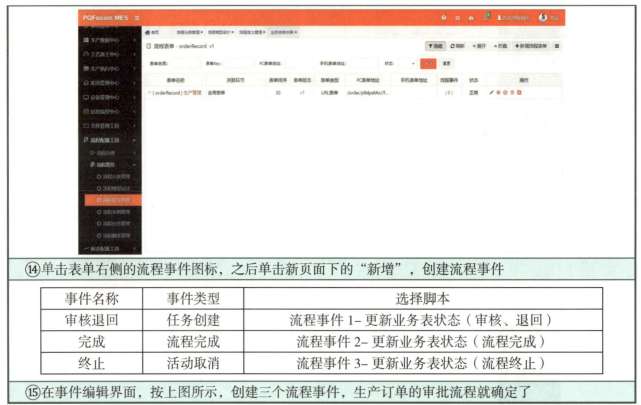

⑭单击表单右侧的流程事件图标，之后单击新页面下的"新增"，创建流程事件

事件名称	事件类型	选择脚本
审核退回	任务创建	流程事件1-更新业务表状态（审核、退回）
完成	流程完成	流程事件2-更新业务表状态（流程完成）
终止	活动取消	流程事件3-更新业务表状态（流程终止）

⑮在事件编辑界面，按上图所示，创建三个流程事件，生产订单的审批流程就确定了

【任务评价】

任务评价如表2-24所示。

表2-24 任务评价

阶段	序号	评分标准	配分	自评	教师评价
职业素养	1	积极参与团队任务，分工明确，团队协作高效	10		
	2	责任心强，勇于承担责任，不推卸问题和责任，对执行结果负责	10		
	3	任务完成后主动按照实训室要求对系统进行保存并恢复	10		
审批流程配置	1	掌握流程创建方法	30		
	2	掌握审批流程图绘制方法	20		
	3	掌握在流程中插入脚本方法	20		
合计					

【项目评测】

	项目二　MES系统用户操作与配置
知识测试	一、选择题 1. 在PQFusion管控一体化MES系统中，角色管理属于（　　）。 　A. 用户管理　　　　　　　　　　　B. 机构管理 　C. 岗位管理　　　　　　　　　　　D. 权限管理 2. 用于管理用户登录账号、登录密码的是（　　）。 　A. 用户管理　　　　　　　　　　　B. 机构管理 　C. 岗位管理　　　　　　　　　　　D. 权限管理 3. WMS是（　　）的缩写。 　A. 用户管理系统　　　　　　　　　B. 仓库管理系统 　C. 制造执行系统　　　　　　　　　D. 机构管理系统 4. 物料管理的对象不包括（　　）。 　A. 物料　　　　　　　　　　　　　B. 设备 　C. 中间产品或在制品　　　　　　　D. 最终产品 二、判断题 1. MES系统中"人员类"不是指现实世界人的种类。　　　　（　　） 2. 工艺由若干道工序组成。　　　　　　　　　　　　　　（　　） 3. 工艺卡用于指导作业者按照指导书进行作业。　　　　　（　　）

项目三
MES 系统的生产管理

项目导言

在工艺派工中心，通过计划模块的排产得到工序级生产计划，以加工流水卡的形式下发到相应的加工单元，加工单元在该工序级生产计划的基础上再进行派工到设备或者员工。对于系统生成的加工流水卡提供条码打印，也可直接在系统中流转。工序级计划以派工计划为依据进行跟踪反馈。计划经过派工后，可知道每个设备对应的工作计划和相应的操作员工。

在物料管理中，通过材料、在制品生产库存和使用历史来支持生产的供应和处置；提供材料编号，支持分类，管理物料主目录和物料清单，创建并管理配方使用列表；允许批量跟踪，生成部署和存储；管理拣货订单、提款和库存；支持创建来源和使用历史记录。

在生产过程管理中，为有效提高工厂生产节拍及产能，MES 系统可实现生产过程的闭环可视化控制，实时监控生产效率。以生产节拍测定为依据，结合生产实际问题，划分作业单元，便于工厂工艺人员对瓶颈工序进行作业分析，力求消除各种等待浪费，减少在制品堆积，保证设备和人力负荷平衡，实现均衡化生产，提高生产线的整体效率，达到产能及效益提升的目的。

知识目标

- 了解 MES 系统中订单管理的内容及方式、生产计划的管理内容及方式。
- 掌握 MES 接收订单数据的方式及订单审批流程。
- 理解并掌握模型生产中的物料流通内容与管理方式及生产计划的执行与反馈内容。

项目三　MES 系统的生产管理

能力目标

能够进行生产订单的录入及审批，能够进行生产计划的生成、下发与派工，能够根据生产需求执行生产物料入库管理和出库管理，会进行员工作业、设备作业和检验作业的执行。

情感目标

培养学生在学习和工作中的沟通协调能力和再学习能力以及认真负责的工作态度、耐心细致的工作作风、严谨规范的工作理念与职业素养。

工作任务

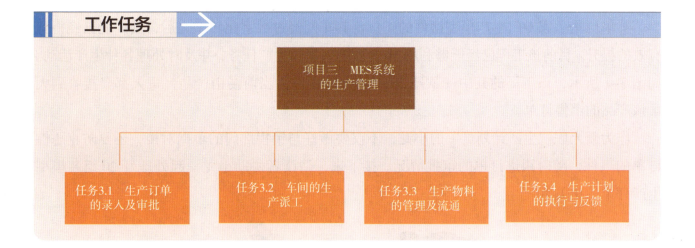

任务 3.1 生产订单的录入及审批

【任务描述】

某单位是一家专门生产模型摆件的工厂,其车间经过数字化转型之后,其产能已经得到有效的提升。目前该工厂已经能够利用 MES 系统来接收生产任务,并及时处理各种生产活动。如图 3-1 所示,该工厂的其中一款歼 20 组装模型摆件为当前畅销产品,每天都会接收到大量该产品的销售订单。

作为新入职"生产计划员"的小龙,不仅要做好与销售部门的单据对接,还要防止恶性订单的事件,随时跟进订单的审批情况。接下来,请读者协助小龙一起处理歼 20 组装模型生产订单的相关事宜。

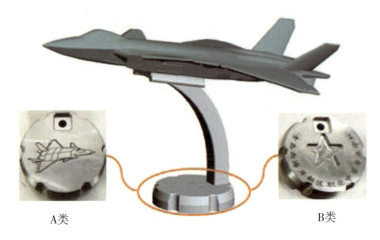

A类　　　　　　　　　　　　　B类

图 3-1　歼 20 组装模型

【任务目标】

了解生产订单的来源。
了解生产订单的审批流程。
掌握生产订单录入方法。
能够跟进订单的审批流程。

项目三 MES系统的生产管理

【任务准备】

教学场地：信息化教室。

软件系统：管控一体化MES系统（后文简称：MES系统）。

实训平台：生产数据包。

准备操作：实训指导教师预先导入相关系统数据包、订单（样表）。

【岗位参与】

生产计划员、生产主管、总经理。

【课时安排】

建议学时共2学时，其中相关知识学习建议1课时；学员练习建议1课时。

【知识储备】

1. MES中的订单管理

MES是生产执行层的信息系统，它既要从业务系统接收生产任务，又要通过收集生产过程中的实时数据及时处理各种实时事件，以达到调整和优化生产过程的目的，并将收集到的生产过程信息反馈给业务系统。MES要与上层的业务系统和下层的控制系统保持双向的通信和数据交换，如图3-2所示。

图3-2 MES的数据流

"计划"一词在企业的信息系统中会多次出现，而且在不同的层次上代表不同的业务含义。在业务层，基于客户订单或销售预测会形成企业的销售计划或销售订单（简称销售订单）；到了生产执行层，销售订单会转化成生产计划或生产订单（简称生产订单），而生产订单与销售订单可能不再是一一对应的关系了，因为生产车间可能会根据生产调度与安排的需要把一个销售订单拆分成多个生产订单，这就是所谓的"拆单"。

MES 中的生产计划就是对来自业务层的销售订单经拆单后形成的生产订单。销售订单的下达有静态和动态两种方式,所谓静态方式是指,在一个生产周期内(如一天),销售订单在一天开始时下达到车间后就不再增加了,直到第二天开始时再下达新的订单,车间生产任务在一天内相对稳定;而动态方式是指,在一天之内车间随时会接收新的销售订单并形成生产订单,作业排序也必须随时更新。

2. MES 接收订单数据的方式

在 MES 的订单管理功能中,通常会提供以下三种销售订单数据接收方法。

1) 从 ERP 系统获取订单

如果企业在实施 MES 时能够做到与 ERP 系统进行很紧密的集成,则可以实现销售订单从业务层的 ERP 系统向生产执行层的 MES 的自动传输。MES 与 ERP 系统的紧密集成需要一些条件,如 MES 与 ERP 系统要相互开放接口,以实现企业的分层计划管理流程在 ERP 和 MES 之间的整合。大部分企业在信息化的过程中,通常先上的是 ERP 系统,并且 MES 与 ERP 系统可能分别来自不同的软件厂商,因此需要协调好不同的厂商,以实现系统紧密集成的目的。

2) 从数据文件导入订单

如果不能实现 ERP 系统与 MES 的紧密集成,MES 通常会采取基于数据文件的订单导入方式,数据文件一般采用 Excel 文件的格式,MES 会规定好一个 Excel 模板文件,只要提供的订单数据文件符合模板的要求,就可以顺利导入 MES 中。

3) 手工录入订单

MES 一般也会提供手工录入订单的方式。这个功能一般用于系统测试,在系统正式运行后,通常会将这个数据入口关闭;只有存在特殊的业务需求时才启用这个功能。

3. 订单的审批流程

订单管理是接收客户订单信息,以及仓储管理系统发来的库存信息,然后按客户和紧要程度给订单归类,对不同仓储地点的库存进行配置,并确定交付日期。

生产订单管理是生产计划员根据公司接收的订单,创建相应的生产计划,由相关人员负责审核。审核通过后生产计划员需要将生产计划下发,准备接下来的产品生产,如图 3-3 所示。

生产计划员根据生产订单创建生产计划 → 车间主任审核生产计划 → 生产计划员下发生产计划

图 3-3　生产订单审批流程

【任务实施】

1. 生产订单的录入

① 订单转化

"生产计划员"小龙接收到的其中 1 份销售订单，具体如表 3-1 所示，从中可以了解到订购的产品型号、数量以及交付周期等信息。首先要做的是订单的有效性分析，有效性的因素有以下几个：客户应收账款和信用额度是否超出，订单日期是否有误，是否允许缺货，金额是否正确，是否允许延迟交货，付款方式和时间是否有误，联系方式、收货地点等基本信息填写是否正确等。

表 3-1　销售订单

客户编号	下单日期	客户姓名	规格型号	商品名称	数量/个	交付周期
VIP-CUS-03	07.11	陈东风	20-A	歼 20 组装模型 A	6	3 天
VIP-CUS-04	07.10	江宇通	20-B	歼 20 组装模型 B	5	5 天

在充分了解该订单的信息之后，为了与生产系统进行对接，需要筛选出订单中的生产属性信息，然后绘制成图标，以待输入制造执行系统，详见表 3-2 和表 3-3。此处我们对排产方式做主要说明，其中正向排产规定的是开工时间，即在系统规定的时间点，设备、人员、物料等为此订单开始运作；逆向排产规定的是完工时间，即在系统规定的时间点，生产的产品需要入产品库（或直接在发货区等候）。

表 3-2　订单生产属性信息 1

产品	歼 20 组装模型 A	需求数量	6
排产方式	□正向；√逆向	完工日期	2022-7-14
备注信息	组装模型产品制作		

表3-3 订单生产属性信息2

产品	歼20组装模型B	需求数量	5
排产方式	□正向；√逆向	完工日期	2022-7-15
备注信息		组装模型产品制作	

2) 订单录入

生产订单的录入如表3-4所示。

表3-4 生产订单的录入

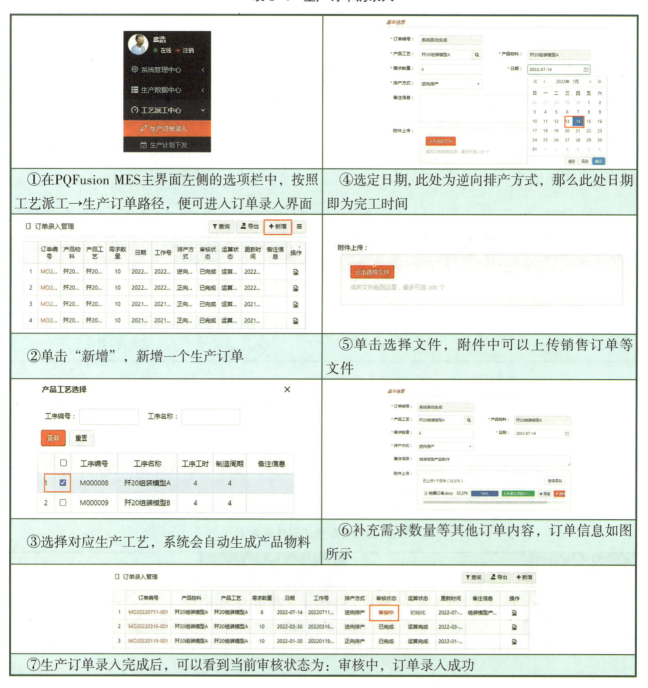

2. 生产订单的审批

生产订单录入后，由生产主管、销售主管等进行评审，然后经过一定的流程审批方可执行订单的生产。生产订单的审批流程如表3-5所示。

表3-5 生产订单的审批流程

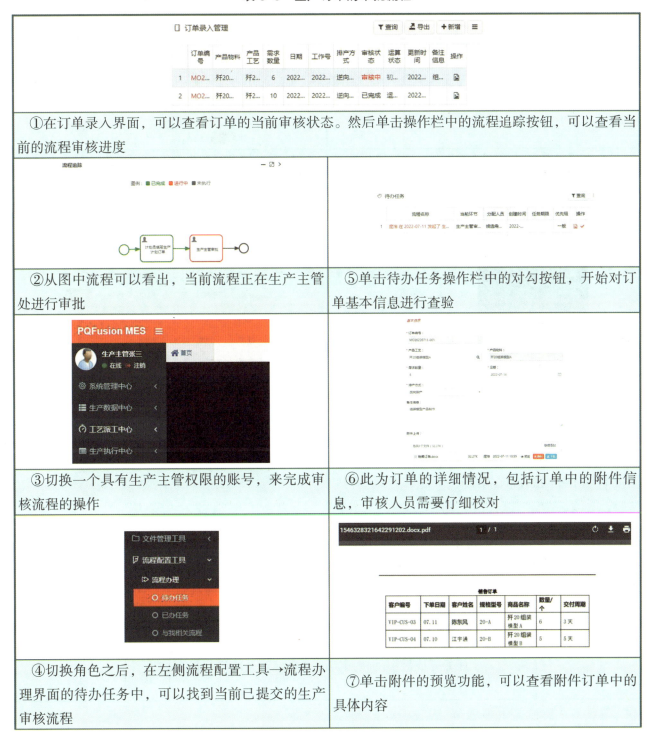

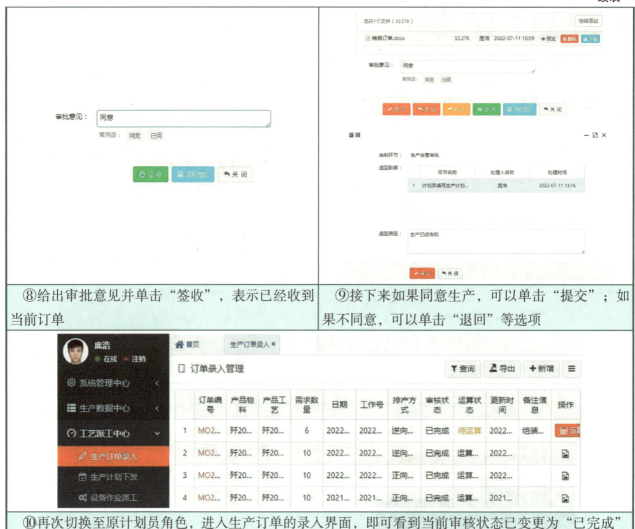

| ⑧给出审批意见并单击"签收",表示已经收到当前订单 | ⑨接下来如果同意生产,可以单击"提交";如果不同意,可以单击"退回"等选项 |

⑩再次切换至原计划员角色,进入生产订单的录入界面,即可看到当前审核状态已变更为"已完成"

【任务评价】

任务评价如表3-6所示。

表3-6 任务评价

阶段	序号	评分标准	配分	自评	教师评价
职业素养	1	积极参与团队任务,分工明确,团队协作高效	5		
	2	责任心强,勇于承担责任,不推卸问题和责任,对执行结果负责	10		
	3	任务完成后主动按照实训室要求对系统进行保存并恢复	10		

续表

阶段	序号	评分标准	配分	自评	教师评价
知识掌握	1	了解MES订单的管理方法	10		
	2	了解MES接收订单数据的方式	10		
	3	熟悉订单的审批流程	10		
技能掌握	1	能够对销售订单进行信息提取并转化为生产订单	15		
	2	掌握生产订单的手工录入方法	15		
	3	能够担任生产主管角色，对生产订单进行审批	15		
合计					

任务 3.2 车间的生产派工

【任务描述】

生产派工是指当生产作业准备做好以后，根据安排好的作业顺序和进度，将生产作业任务分解到各个生产员工或生产设备的过程。在生产订单审批通过之后，作为"生产计划员"的小龙需要制订明确的生产计划，并且将这些生产任务派发给指定的员工或设备。

如图 3-4 所示，一个产品的加工要涉及人员、设备、物料、工艺、环境，还有生产时间、物流等要素。在实际的生产车间，在线生产的往往不是一种类型的产品，所以要想利用传统人工的方法来制订生产计划往往难度较大。在此任务中，我们就和计划员小龙一起通过制造执行系统 MES 来实施数字化车间的生产计划和派工。

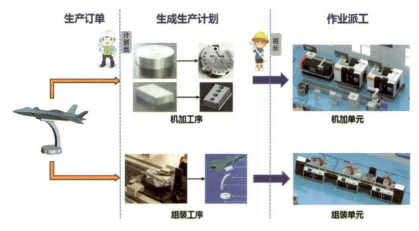

图 3-4　生产计划与作业派工

【任务目标】

了解 MES 系统生成生产计划的机理。
能够利用 MES 系统生成生产任务。
熟悉生产任务的分配方法和步骤。
能够派发系统生产任务给具体的人员或设备。

项目三 MES 系统的生产管理

【任务准备】

教学场地：信息化教室。

软件系统：管控一体化 MES 系统（后文简称：MES 系统）。

实训平台：生产数据包。

准备操作：实训指导教师预先导入相关系统数据包。

【岗位参与】

生产计划员、班组组长。

【课时安排】

建议学时共 2 学时，其中相关知识学习建议 1 课时；学员练习建议 1 课时。

【知识储备】

1. 生产计划管理

生产计划管理是一个从宏观到微观、从战略到战术、由粗到细的逐渐深化过程。当市场需求还不太具体时，计划的制订只能根据预测来进行，并且制订出的计划也是粗颗粒度的，计划的时间跨度比较长；而当市场对产品的需求变得较为具体时，才可能做出比较详细的、时间跨度小的生产计划。制订生产计划是生产管理中的一项重要活动，其目的是通过把企业管理者的意志转化为实际的生产行动，利用企业的一切资源实现企业的经营目标。

生产计划员在这一阶段的主要工作是根据生产订单制订生产计划，根据生产计划制定仓库物料需求表，根据生产计划制定车间线边库物料准备表，来保证生产的有序执行，如图 3-5 所示。

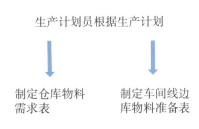

图 3-5 生产计划制订

生产计划管理的目标之一是提高生产计划的有效性，这也是一项非常重要的目标。为提高生产计划的有效性，在制订计划时，应采取以下策略：

（1）保证信息的准确性，不准确的数据不可能产生准确的生产计划。特别是在企业走向信息化的过程中，一定要加强基础数据的管理，尽量做到数据集中统一，减少冗余；如果存在必要的冗余，一定要建立好数据同步的机制。

（2）做好生产计划的综合平衡。所谓生产计划的综合平衡，就是在制订生产计划时要综合考虑影响生产的各方面因素，平衡不同资源的矛盾和冲突，最大限度地挖掘生产潜力。

（3）采用先进的计划方法和工具，为了提高生产计划的有效性，要采用先进的计划方法，并借助计算机的帮助，以多品种小批量为特点的离散型制造企业，凭借管理者的经验已不能胜任复杂的生产计划工作，必须使用生产计划软件工具。

（4）提高计划的生产执行力，只有在生产现场的执行层面提高执行力，生产计划才能实现，因此需要加强生产现场的组织、调度等管理工作。

（5）建立及时的信息反馈机制，生产计划制订以后，还需要根据生产条件的变化进行及时的调整，为此需要建立信息反馈机制，使计划管理人员及时得到生产过程中的反馈信息，以及为生产计划提供信息的其他部门的反馈信息。

2. 生产任务分配方法

生产派工就是通过派工指令把班组的生产作业计划任务进一步具体分解为各个工作岗位在更短时期内（如周、日、轮班、小时）的生产任务。所以，生产派工是执行生产作业计划、控制生产进度的具体手段。根据各不同的生产类型，常见的生产派工方式有四种：

1) 标准派工法

当产品是采用大批量生产的模式时，产品的工序与工艺相对固定，工人可以固定到一道或少数几道工序，在这种条件下，派工可采用标准计划来进行。标准计划把各工作岗位的加工工序、加工顺序、日产量、工人工作安排等都制成标准固定下来，工人每天按照标准计划工作，不需要经常变更分配任务。当每月的产量有变动时，只需要调整标准计划中的日产量即可。

2) 轮换派工法

生产现场中有一些劳动条件比较恶劣的工作岗位，或者一些岗位使用了高效能的新设备，相对于一些较为老旧的设备产出要高，同时还有一些岗位使工人身体的某些部分高度紧张，易造成疲劳。当工人的疲劳和不适接近或达到生理承受极限，或使用新设备工人绩效较高时，容易造成工人或其他工人情绪的不稳定，从而影响生产效率和产品质量。所以需要对这些岗位的工人，实行轮换派工法，在每个轮班内，一半时间在该岗位工作，一半时间换到其他岗位工作，以减少和消除工人过度的疲劳和不适，以及绩效带来的差异，保持情绪稳定。

3) 定期派工法

在很多生产过程中，设备的负荷是影响生产进度的主要因素，因此定期派工时既要考虑如何保证生产进度，充分利用设备能力，还要编制零件加工进度计划及设备负荷计划。区分不同部件生产任务的轻重缓急，保证关键零件的加工进度和关键设备负荷饱满。同时根据生产作业计划，每周或三日定期为每个工作岗位和工人分配符合设备特点和工人生产技术水平的任务。

4) 临时派工法

这种方法是根据生产任务和生产准备工作的实际状况，根据生产现场的实际负荷状况，随时把需要完成的生产任务下达到各个工作岗位，这种方法适用于单件小批量生产。在单件小批量生产条件下，生产任务杂乱且数量不定，各工作岗位担负的工序和加工的零件品种多、数量小，所以一般都采用临时派工法。控制生产进度，也主要靠临时派工来调整生产现场中人力和设备的使用。

3. 生产任务分配步骤

（1）发出生产命令，签发加工路线单。根据生产投料日期先后顺序向制造单位发出生产命令单工作单，计划调度员按任分配箱的方法，根据月度生产作业计划和投料提前期，分批签发加工路线单（或工单），并放在加工头道工序"已指定"的格子里。

（2）领取需用材料。

材料员在生产前由制造单位持用料明细单、领料单向仓库领取需用的物料。

（3）领取需用工具。

在生产前由制造单位持工具申请单向工具库领取需用的工具。如果在生产前不能将物料、工具准备妥善，就迅速通知相关单位，更改生产日程计划。

（4）加强制程管制。

配合批量生产，依据工艺规范加强制程管制。

（5）记录生产时间，关注进度。各制造单位的生产日报表应记录生产时间，关注进度以便跟催。

（6）完成品入库。完成品依生产命令单工作单的批号，以入库传票移转入库。

（7）完工的生产命令单工作单转回作业分配部门及财务（成本）部门，余料及工具随即缴库，加工完毕后，经检验合格，办理入库手续。

4. 派工单

派工单（又称工票或传票、作业调度）是指生产管理人员向生产人员派发生产指令之单据。派工单是最基本的生产凭证之一。它除了有开始作业、发料、搬运、检验等生产指令的作用外，还有为控制在制品数量、检查生产进度、核算生产成本作凭证等作用。

工业企业中对工人分配生产任务并记录其生产活动的原始记录。一种面向工作中心说明加工工序优先级的文件，说明工作中心的工序在一周或一个时期内要完成的生产任务。它还说明什么时间开始加工，什么时间完成，计划加工数量是多少，计划加工时数是多少，在制的生产货位是什么，计时的费率、计件的费率、加班的费率、外协的费率。这些没有信息集成系统，这样的报表靠手工管理是不可能实现的。

派工单中包括生产订单的优先级、物料存放地点、数量及能力需求的详细信息，所有这些信息都是按工序排列的。派工单通常每天产生并按工作中心进行调整。派工单的具体形式很多，有投入出产日历进度表、加工路线单、单工序工票、工作班任务报告、班组生产记录和传票卡等。

【任务实施】

1. 生产计划的生成与下发

1）生产计划的生成

车间计划就是依据该产品的工艺流程进行工序拆分运算得来的。如图3-6所示，系统经过运算之后，会依据系统中保存的产品工艺生成对应的任务。每一个工序就是一个生产子任务。

产品	工序1 →	工序2 →	…… →	工序n
物料	物料1 物料2	物料3	……	物料n
设备	加工单元1	加工单元2	……	加工单元n
人员	人员A	人员B	……	人员n

图3-6 系统运算原理

如图3-7所示，在车间计划管理界面，我们可以看到分解后每个产品对应的加工工序、加工单元、计划开工和完工日期、制造周期等生产计划情况。这里每一行就代表一个生产任务。生产计划下发的结果就是将生产任务下发给指定的加工单元或者班组。

项目三 MES系统的生产管理

图 3-7 运算结果：生产计划

2) 具体操作

生产计划的生成与下发如表 3-7 所示。

表 3-7 生产计划的生成与下发

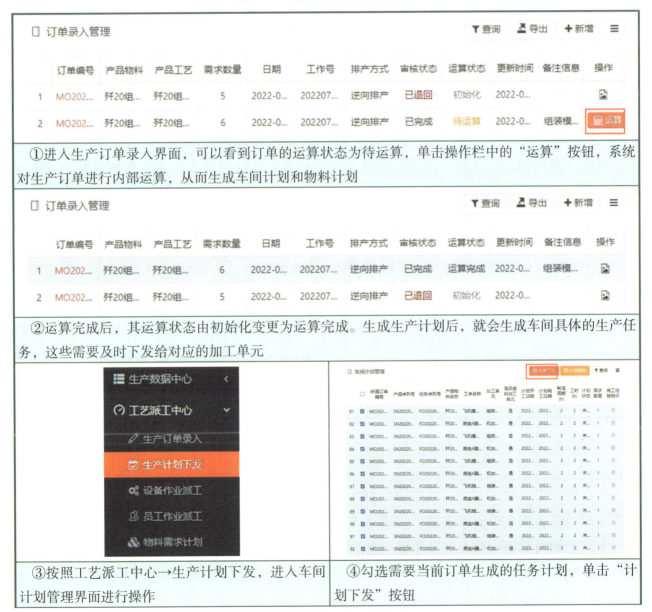

①进入生产订单录入界面，可以看到订单的运算状态为待运算，单击操作栏中的"运算"按钮，系统对生产订单进行内部运算，从而生成车间计划和物料计划

②运算完成后，其运算状态由初始化变更为运算完成。生成生产计划后，就会生成车间具体的生产任务，这些需要及时下发给对应的加工单元

③按照工艺派工中心→生产计划下发，进入车间计划管理界面进行操作

④勾选需要当前订单生成的任务计划，单击"计划下发"按钮

续表

		所属订单编号	产品序列号	任务序列号	产品物料名称	工序名称	加工单元	是否虚拟加工单元	计划开工日期	计划完工日期	制造周期(h)	工时(h)	计划状态	需求数量	完工检验标识
81		MO20220711-001	SN20220711-001-1	FO20220711-001-1-1	拼20组装模型A	飞机模型组装A	组装单元	是	2022-07-11	2022-07-11	2	2	已下发	1	否
82		MO20220711-001	SN20220711-001-1	FO20220711-001-1-2	拼20组装模型A	底座A腹板加工	机加单元	是	2022-07-11	2022-07-11	2	2	已下发	1	否
83		MO20220711-001	SN20220711-001-2	FO20220711-001-2-1	拼20组装模型A	飞机模型组装A	组装单元	是	2022-07-11	2022-07-11	2	2	已下发	1	否
84		MO20220711-001	SN20220711-001-2	FO20220711-001-2-2	拼20组装模型A	底座A腹板加工	机加单元	是	2022-07-11	2022-07-11	2	2	已下发	1	否
85		MO20220711-001	SN20220711-001-3	FO20220711-001-3-1	拼20组装模型A	飞机模型组装A	组装单元	是	2022-07-12	2022-07-12	2	2	已下发	1	否
86		MO20220711-001	SN20220711-001-3	FO20220711-001-3-2	拼20组装模型A	底座A腹板加工	机加单元	是	2022-07-12	2022-07-12	2	2	已下发	1	否
87		MO20220711-001	SN20220711-001-4	FO20220711-001-4-1	拼20组装模型A	飞机模型组装A	组装单元	是	2022-07-12	2022-07-12	2	2	已下发	1	否
88		MO20220711-001	SN20220711-001-4	FO20220711-001-4-2	拼20组装模型A	底座A腹板加工	机加单元	是	2022-07-12	2022-07-12	2	2	已下发	1	否
89		MO20220711-001	SN20220711-001-5	FO20220711-001-5-1	拼20组装模型A	飞机模型组装A	组装单元	是	2022-07-13	2022-07-13	2	2	已下发	1	否
90		MO20220711-001	SN20220711-001-5	FO20220711-001-5-2	拼20组装模型A	底座A腹板加工	机加单元	是	2022-07-13	2022-07-13	2	2	已下发	1	否
91		MO20220711-001	SN20220711-001-6	FO20220711-001-6-1	拼20组装模型A	飞机模型组装A	组装单元	是	2022-07-13	2022-07-13	2	2	已下发	1	否
92		MO20220711-001	SN20220711-001-6	FO20220711-001-6-2	拼20组装模型A	底座A腹板加工	机加单元	是	2022-07-13	2022-07-13	2	2	已下发	1	否

⑤操作之后，对应工序的计划状态即变更为"已下发"。

2. 生产计划的派工

1) 派工任务

如图 3-8 所示，一个加工单元会包含有多个分组，这些组别大体分为两种类型，常见的有人员作业类型和设备作业类型。每个分组下属多个人员或设备。所谓作业派工就是将已经下发到某加工单元的生产任务派发给其下属编组具体的某个工人或者某个设备。

图 3-8 加工单元

在本任务中，根据加工工序生成两种生产任务，即底座腹板加工和飞机模型组装，这两种任务均由设备作业单元来实施，如表 3-8 所示。其中底座腹板加工由机加单元的设备来执行；飞机模型组装由组装单元的设备来执行。

表 3-8 作业派工信息

序号	工序名称	加工单元	示意图
1	底座腹板加工	机加单元	
2	飞机模型组装	组装单元	

2) 具体操作

生产计划的派工如表 3-9 所示。

表 3-9 生产计划的派工

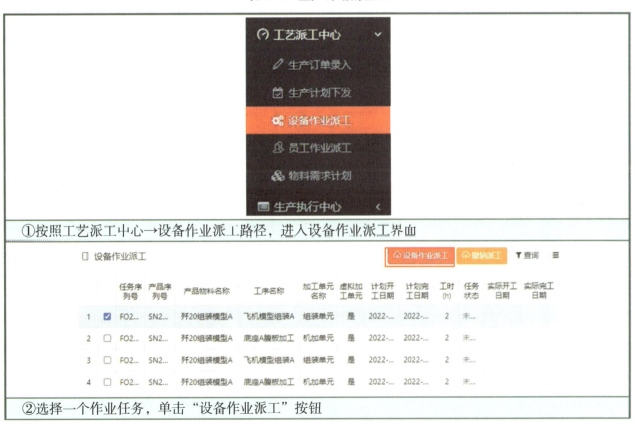

① 按照工艺派工中心→设备作业派工路径，进入设备作业派工界面

② 选择一个作业任务，单击"设备作业派工"按钮

续表

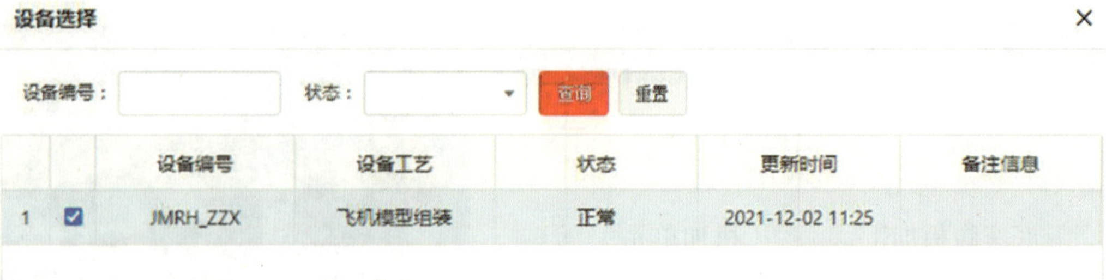

③在弹出的界面中，选择设备编组中具体的生产设备。图示为飞机模型组装设备“JMRH_ZZX”

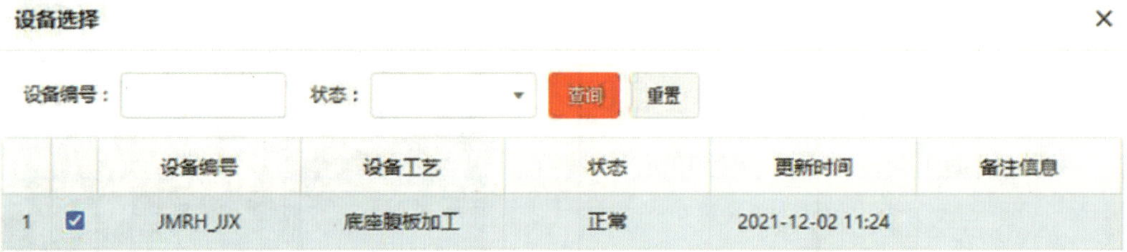

④在弹出的界面中，选择设备编组中具体的生产设备。图示为底座腹板加工设备“JMRH_JJX”

		任务序列号	产品序列号	产品物料名称	工序名称	加工单元名称	虚拟加工单元	计划开工日期	计划完工日期	工时(h)	任务状态	实际开工日期
1	☐	FO202207...	SN20220...	歼20组...	底座A腹板加工	机加单元	是	2022-...	2022-...	2	已派工	
2	☐	FO202207...	SN20220...	歼20组...	飞机模型组装A	组装单元	是	2022-...	2022-...	2	已派工	
3	☐	FO202207...	SN20220...	歼20组...	底座A腹板加工	机加单元	是	2022-...	2022-...	2	已派工	
4	☐	FO202207...	SN20220...	歼20组...	飞机模型组装A	组装单元	是	2022-...	2022-...	2	已派工	
5	☐	FO202207...	SN20220...	歼20组...	底座A腹板加工	机加单元	是	2022-...	2022-...	2	已派工	
6	☐	FO202207...	SN20220...	歼20组...	飞机模型组装A	组装单元	是	2022-...	2022-...	2	已派工	
7	☐	FO202207...	SN20220...	歼20组...	底座A腹板加工	机加单元	是	2022-...	2022-...	2	已派工	
8	☐	FO202207...	SN20220...	歼20组...	飞机模型组装A	组装单元	是	2022-...	2022-...	2	已派工	
9	☐	FO202207...	SN20220...	歼20组...	底座A腹板加工	机加单元	是	2022-...	2022-...	2	已派工	
10	☐	FO202207...	SN20220...	歼20组...	飞机模型组装A	组装单元	是	2022-...	2022-...	2	已派工	
11	☐	FO202207...	SN20220...	歼20组...	底座A腹板加工	机加单元	是	2022-...	2022-...	2	已派工	
12	☐	FO202207...	SN20220...	歼20组...	飞机模型组装A	组装单元	是	2022-...	2022-...	2	已派工	
13	☐	FO202203...	SN20220...	歼20组...	底座A腹板加工	机加单元	是	2022-...	2022-...	2	已派工	

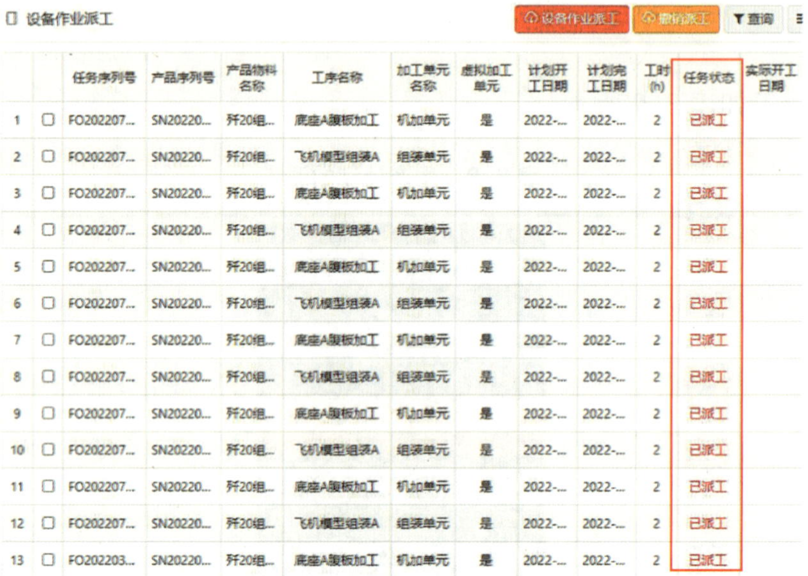

⑤选定后，该任务状态就变更为“已派工”。其他的设备任务也可以参照上述操作进行派工

【任务评价】

任务评价如表3-10所示。

表3-10 任务评价

阶段	序号	评分标准	配分	自评	教师评价
职业素养	1	积极参与团队任务，分工明确，团队协作高效	5		
	2	责任心强，勇于承担责任，不推卸问题和责任，对执行结果负责	10		
	3	任务完成后主动按照实训室要求对系统进行保存并恢复	10		
知识掌握	1	了解生产任务的分配方法和策略	10		
	2	了解生产任务的分配步骤	10		
	3	熟悉MES系统生产计划的生产原理	10		
技能掌握	1	掌握生产订单的运算方法	15		
	2	能够根据工艺下发对应的生产计划	15		
	3	能够将车间工作任务指派到具体的人或设备	15		
合计					

任务 3.3 生产物料的管理及流通

【任务描述】

在生产活动中,物料的流通与生产过程密切相关,企业生产过程中发生的涉及原材料、在制品、半成品、产成品等所进行的物流活动,称之为生产物流。如图 3-9 所示,在本任务中,我们以原材料、外购零件的投入为起点,以产品仓库的入库为终点,以物流视角来探究生产中的物料流通情况。

MES 系统可以根据生产线上采集到的实时生产数据,对在制品流动过程进行跟踪,包括物料移动、物料转换、物料拆分、物料合并、物料消耗等相关操作。用户在 MES 系统可以查询在制品的位置、数量等信息。接下来请读者以库管员的身份,在对生产工艺有一定了解的基础上,对这些物料实施流通管理。

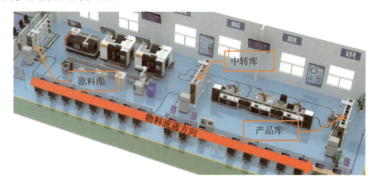

图 3-9 物料流通

【任务目标】

了解物料在实际生产过程中的流通路径。
熟悉 MES 中对物料的管理方式。
能够处理对应的物料需求计划。
能够正常处理物料的入库及出库业务。

【任务准备】

教学场地：生产车间、信息化教室。

软件系统：管控一体化 MES 系统（后文简称：MES 系统）。

实训平台：生产数据包、歼 20 模型生产线、生产物料。

准备操作：实训指导教师预先导入相关系统数据包。

【岗位参与】

库管员、工艺规划师、采购员。

【课时安排】

建议学时共 4 学时，其中相关知识学习建议 2 课时，学员练习建议 2 课时。

【知识储备】

1. 模型生产中的物料流通

图 3-10 所示为歼 20 模型生产中的物料流通总过程。整个车间包含原料库、中转库和成品库三个库房。其中原料库存储模型的"底座"以及"腹板"的毛坯；中转库不仅需要预存歼 20 飞机模型的零件，还要接收加工完成的"底座"以及"腹板"零件；成品库预先存储有模型的外包装盒，还会接收组装完成的模型摆件，形成最终的产品并存储起来。线边库（图中未显示）存储有螺钉，用于模型的组装过程。

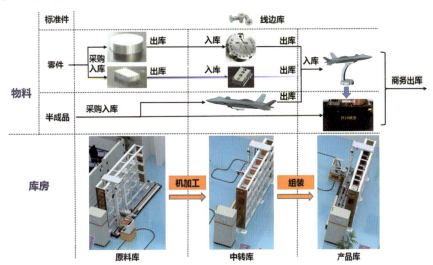

图 3-10 典型物料流通总过程

接下来以业务环节为基础,对物料的流通做主要描述。

1) 采购入库

当制造执行系统对生产订单进行运算之后,会同时生成生产计划以及物料需求计划。为保持当前库存量处于相对稳定状态,需要采购对应的毛坯或零件来补充。如图 3-11 所示,物料的采购方式即为成套采购。原料库中的两个毛坯由一个托盘存放至同一个库位中。

图 3-11 原料库存储状态

具体采购物料以及入库位置如表 3-11 所示。

表 3-11 具体采购物料以及入库位置

序号	采购物料	数量	入库位置
1	底座毛坯	1	原料库
2	腹板毛坯	1	原料库
3	支架	1	线边库
4	歼 20 模型	1	中转库
5	外包装盒	1	产品库
6	螺钉	2	线边库

2) 原料库→中转库

物料由原料库到中转库的过程,就是从毛坯加工成零件的过程。在这个过程中,"底座"毛坯和"腹板"毛坯从原料库中出库后,经过机械加工制成了"底座"零件和"腹板"零件,然后存储于中转库。中转库每个库位的托盘中会预先存储有"歼 20 模型",然后加工后的底座和托盘零件与歼 20 模型共同放置在一个托盘中。图 3-12 所示为中转库入库后的存储状态。

图 3-12 中转库入库后的存储状态

3) 中转库→产品库

物料由中转库到产品库的过程，就是从零件组装成产品的过程。在这个过程中，"底座""腹板""歼20模型"三种物品由中转库出库，而半成品"支架"和标准件"螺钉"直接从线边库出库。如图3-13所示，待组装成产品模型后，再放置在包装盒中，由AGV存储至产品库中，等待发货。

图3-13 产品库存储状态

4) 产品库入库

在实际生产过程中，产品的入库是需要经过严格检验的，具体流程如下：

（1）自制半成品、产成品完工时，生产车间人员根据生产要求完成加工物资，并通知检验人员进行现场检验。

（2）检验人员应在收到车间加工完成信息时，根据生产加工要求，对完工产品进行检验。

（3）完工合格产品包装，根据客户订单要求、仓库管理要求对完工物资进行包装、整理、入库。

（4）仓管员在收到完工成品入库时，应核对订单明细内容，核对产品要求、入库数量，并按各客户区分明细。

（5）核对完成后，填制"产品入库单"，对入库物资进行库位排放。

（6）产品完工入库时，仓库应安排人员知会订单部门，便于订单部门安排产品的使用工作。

（7）统计部门于完工产品入库时，根据生产领用单据、产品入库单核算物资的投入、产出比率。

（8）自制半成品的边角料、余料等，应在加工完时同完工产品一同办理物资的退库工作。

2. 入库管理

入库管理分成两种情况：

（1）入库的物料是外购物料。

外购物料到货后，库房管理人员要按照送货单仔细核对物料的采购订单信息、物料编码、品名、规格型号、数量、批号及外包装是否完好无损等，核对无误后将物料堆放到待检区并填写送检记录表送IQC检验。IQC检验合格的物料，根据送货单上的订单编号在ERP系统生成外购入库单并打印签字，转交财务部记账及自备保存归档，同时将物料按库房标识进行上架，摆放整齐到位。IQC检验不合格物料放置来料不合格区，按照IQC不合格品处理流程处理，如图3-14所示。

图 3-14　采购物料入库流程图

（2）入库的物料是工厂自己生产的产成品。

库管员收到生产线送到库房的产成品，要核对生产工单、型号标识、产品资料、合格证、数量等信息，核对无误后在 ERP 打印产成品入库单交相关人员签字并转交财务部记账及自备保存归档，同时将产成品放到规定的位置摆放整齐到位，如图 3-15 所示。

图 3-15　产成品入库流程图

3. 库存管理

库存是仓库中实际储存的货物，可以分两类：

一类是生产库存，即直接消耗物资的基层企业、事业的库存物资，它是为了保证企业、事业单位所消耗的物资能够不间断地供应而储存的。

一类是流通库存，即生产企业的原材料或成品库存，生产主管部门的库存和各级物资主管部门的库存。此外，还有特殊形式的国家储备物资，它们主要是为了保证及时、齐备地将物资供应或销售给基层企业、事业单位的供销库存。

在库存管理时，要考虑下列因素：

（1）库存能力：特定时间范围内运用物料能力的测量。

（2）库存请求：工作中心之间转移物料的请求。

（3）库存响应：对库存请求的回应，表示请求的完成情况（成功或不成功）。

（4）库存定义管理：管理有关物料转移规则的信息、管理新的库存定义、管理库存定义的变化等。

（5）库存资源管理：提供人员/物料/设备资源的定义，提供有关资源能力的信息、管理库存规模等。

（6）详细库存调度：创建/维护详细库存调度，实际移动与计划移动的对比，决定每项使用的资源承担的产能等。

（7）库存分派：一组指导工作实行的活动，由库存分派单指定。

（8）库存数据收集：一组收集和汇报有关库存运行和物料操作数据的活动。

（9）库存跟踪：一组管理有关库存请求和库存运行报告的信息的活动，包括相关转移效率和库存资源使用率。

（10）库存分析：一组通过分析库存效率和资源使用情况以改善运行的活动。

4. 出库管理

出库管理也分两种情况：生产时需要的原料出库和销售时产成品出库。出库的流程均为相关人员根据订单提出物料出库申请，在生产部门领导审批通过之后，库房管理员凭打印的领料单上的物料编码、名称、规格型号、数量、批次进行发放物料，如图 3-16 所示。

根据订单提出申请 → 生产部门领导审批 → 库管员凭领料单发放

图 3-16　出库流程图

出库发料有四个原则："一盘底，二核对，三发料，四减数"，分别的意思是：

一盘底：确认库存数量能否发放。

二核对：核对发出去的货是不是客户要的，数量是不是对的。

三发料：确定发料怎么发、什么包装、什么运输方式。

四减数：减少库存数。

【任务实施】

1. 生产物料入库管理

（1）业务流程

如图 3-17 所示，当主生产计划下发之后，MES 系统会统计加工工艺中涉及的物料信息，生成物料需求计划并通知仓库备料。如果当前库存不足，就需要采购部门先执行物料采购计划，收货入库后再进行备料。采购中的物料流通主要涉及物料需求计划的执行和原料库的入库作业。入库单的生成有两种方式：一种是根据物料需求计划生成入库单，然后进行入库；另一种是手动进行入库来完成入库的业务流程。

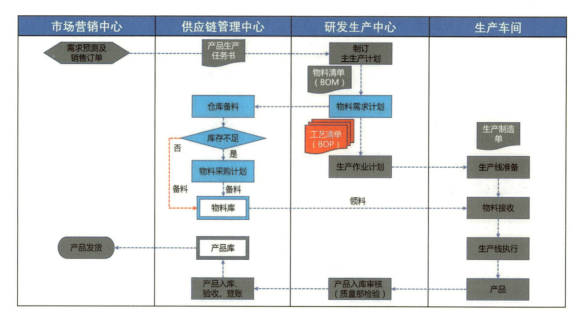

图 3-17 供应链物料采购及备料

2) 物料计划入库

物料计划入库如表 3-12 所示。

表 3-12 物料计划入库

①在物料计划管理界面，可以看到当前的物料需求明细

②为了补充即将要消耗的物料，可以在此界面直接生成入库单，以便保持原库存量

续表

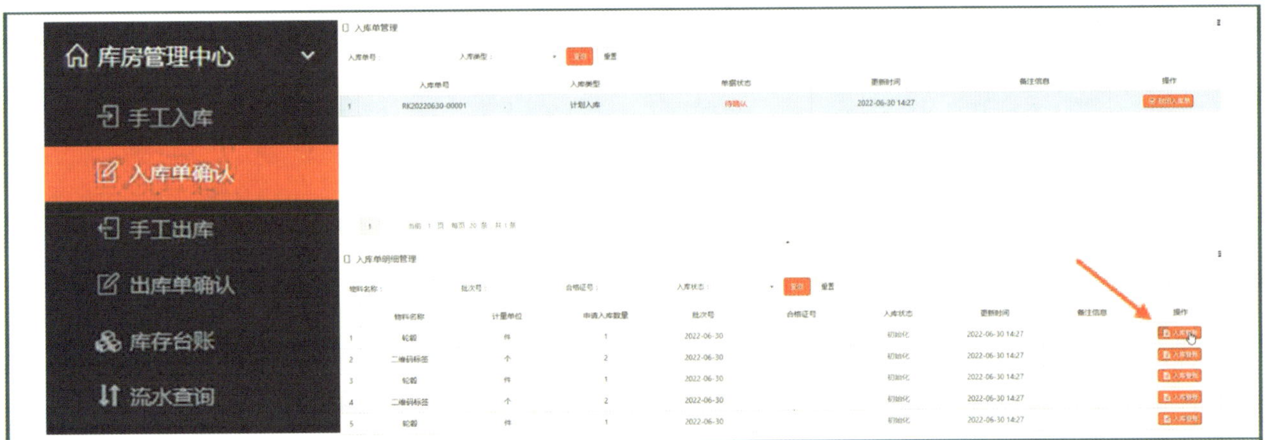

③按照库房管理中心→入库单确认路径，在入库单管理界面可以看到当前的入库单据以及相应的入库明细。当物料补充后，单击对应物料的"入库登账"按钮，执行入库操作

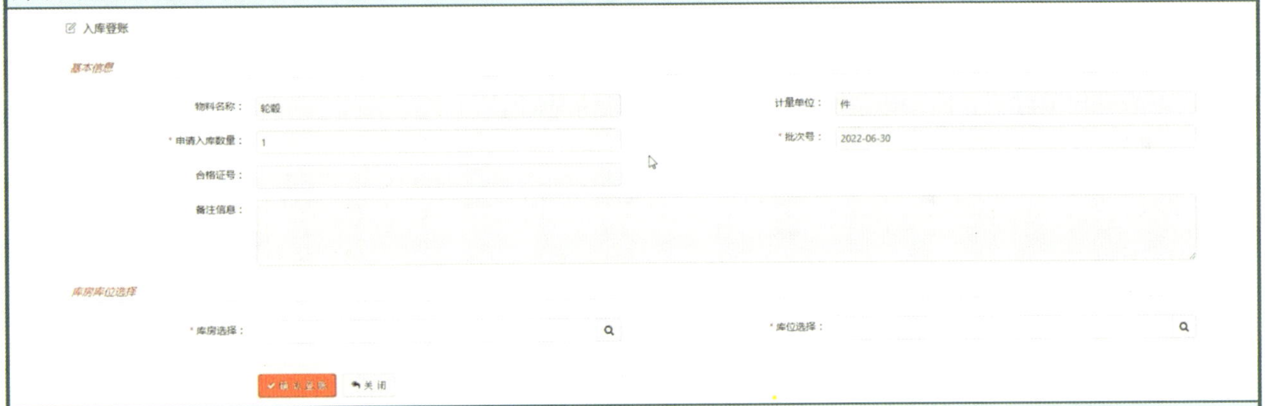

④接下来在入库登账界面，为当前物料选择存储的库房和库位

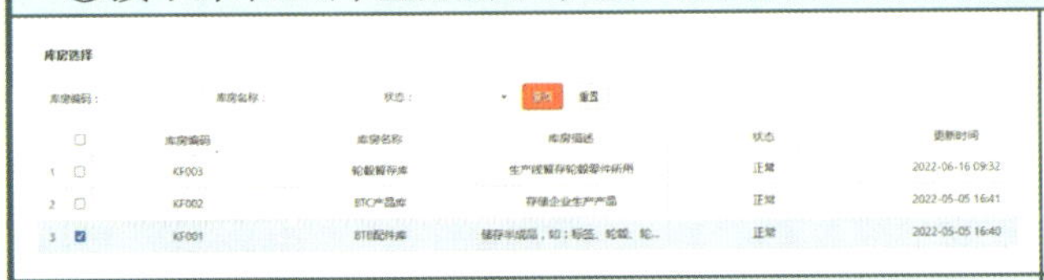

库房选择示意图	库位选择示意图

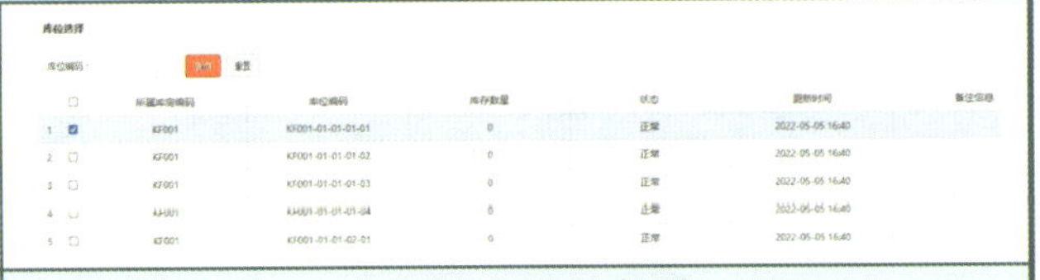

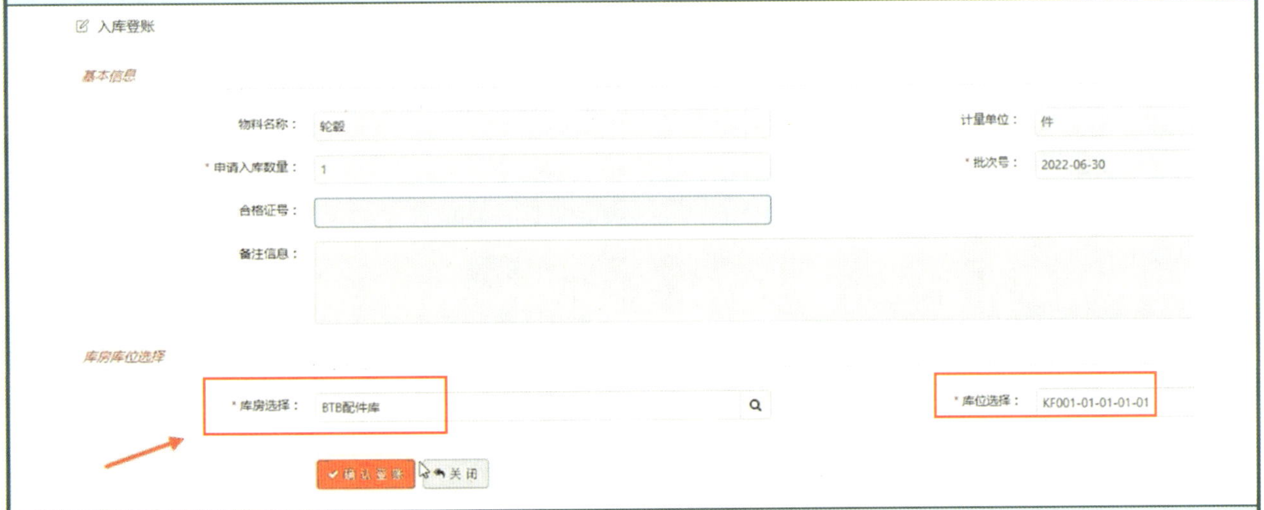

⑤图中所示为选择完毕的库房和库位，单击"确认登账"按钮，完成物料的入库登账环节

续表

⑥选择完成后可以看到当前物料的入库状态变更为：已登账。其他物料也按照相同的方式进行入库登账即可。登账时要注意，同一库位的存储量要依据实际情况而定

⑦登账完成后，可以查看当前库存台账，其物料配件的库存状态为"可用"，即满足备料条件

⑧单击"封闭入库单"按钮，当前入库任务结束

3) 手动入库

手动入库如表 3-13 所示。

表 3-13 手动入库

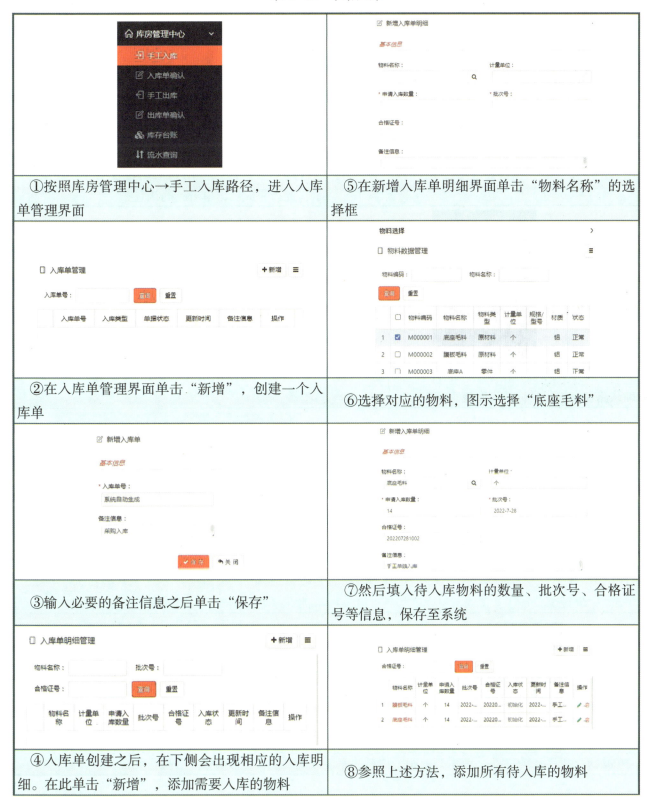

①按照库房管理中心→手工入库路径，进入入库单管理界面	⑤在新增入库单明细界面单击"物料名称"的选择框
②在入库单管理界面单击"新增"，创建一个入库单	⑥选择对应的物料，图示选择"底座毛料"
③输入必要的备注信息之后单击"保存"	⑦然后填入待入库物料的数量、批次号、合格证号等信息，保存至系统
④入库单创建之后，在下侧会出现相应的入库明细。在此单击"新增"，添加需要入库的物料	⑧参照上述方法，添加所有待入库的物料

续表

⑨物料明细添加完成后，在上侧操作界面单击"提交入库单"，然后单击"确定"

⑫在登账界面，为该物料选择对应的"库房"和"库位"。相关入库的库房选择可以参考图3-10所示，选择完成后，单击"确认登账"

⑩入库单提交之后，按照库房管理中心→入库单确认路径，进行具体的入库流程操作

⑬参考上述操作，对入库单中的所有物料进行入库登账

⑪在入库单的明细管理界面，选择对应的物料，单击"入库登账"

⑭登账结束后，在上侧入库单管理界面，选择对应的入库单，单击"封闭入库单"

⑮最后在库存台账界面，查看当前相关物料的库存数量以及状态，确保业务操作无误

2. 生产物料出库管理

1) 业务流程

企业在生产任务下达后,通常要将物料从仓库转移到车间进行加工。根据物料的转移发起方可分为领料制和发料制。发料制通常是由仓库人员发起流程,领料制通常是由生产人员发起流程。

领料制是指由车间填写领料单,经过生产主管、计划总管及仓库总管人员的审核后,再由车间领料人员到仓库领料,仓库人员在收到领料单后,必须在规定的时间内,按领料单上所列明的物料项目及申请数量进行拣料,拣料完成后将物料交车间领料人员,双方在领料单签字确认并明确实领数量。这种领料方式是大多数企业所采用的方式。

发料制是指仓库根据车间的用料计划,事先准备好各个生产任务单所需的物料,当车间领料人员来领用物料时,则立即将备好的物料发给车间领料人员,或者按生产的进度直接将备好的物料发到生产线,双方在发料单上签字确认。发料方式要求企业有较高的管理水平,生产的计划性比较强。在整个过程中,仓库处于主动状态,要负责及时提供所需的物料,责任比较大一些,也比较有利于实现定时发料送料,提高仓库的管理效率。

如图3-18所示,当备料完成后就可以执行出库,将物料发往各个车间以执行后续生产任务。

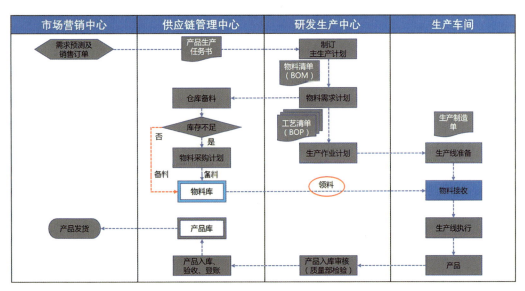

图3-18 生产中的物料流通

生产物料的出库通常有两种情况,一种是物料计划出库,物料由原料库或中转库出库,继而进行后续生产加工;另一种是销售出库,即产品从产品库出库,然后经登账、运输、配送等环节到客户手里。

2) 物料计划出库

物料的出库及登账如表 3-14 所示。

表 3-14 物料的出库及登账

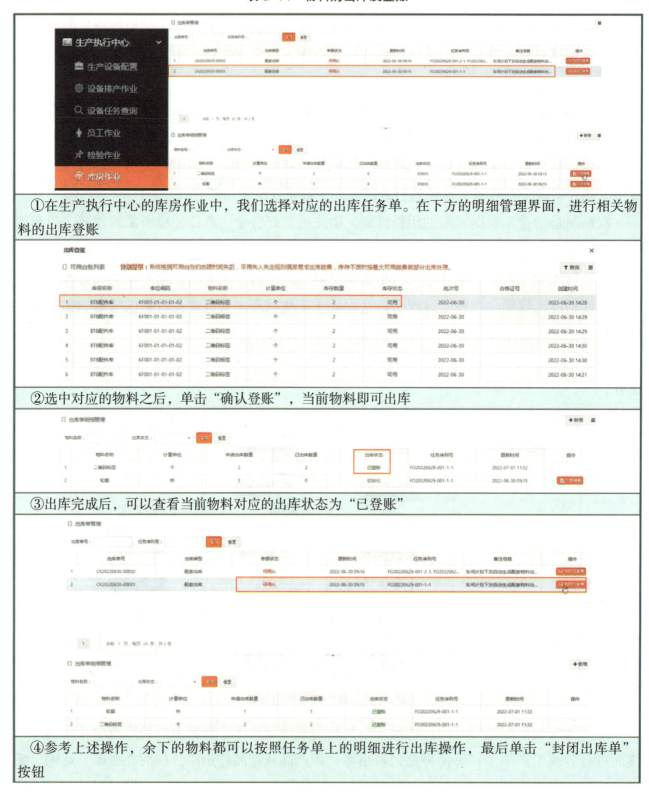

① 在生产执行中心的库房作业中，我们选择对应的出库任务单。在下方的明细管理界面，进行相关物料的出库登账

② 选中对应的物料之后，单击"确认登账"，当前物料即可出库

③ 出库完成后，可以查看当前物料对应的出库状态为"已登账"

④ 参考上述操作，余下的物料都可以按照任务单上的明细进行出库操作，最后单击"封闭出库单"按钮

续表

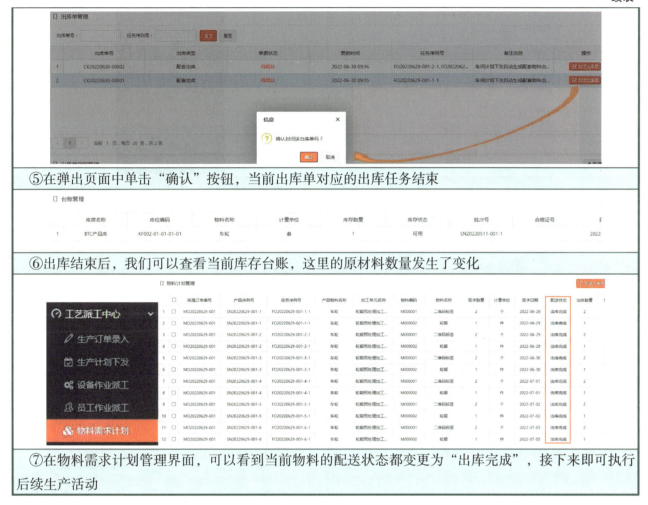

⑤在弹出页面中单击"确认"按钮,当前出库单对应的出库任务结束

⑥出库结束后,我们可以查看当前库存台账,这里的原材料数量发生了变化

⑦在物料需求计划管理界面,可以看到当前物料的配送状态都变更为"出库完成",接下来即可执行后续生产活动

3 手动出库

手动出库如表 3-15 所示。

表 3-15 手动出库

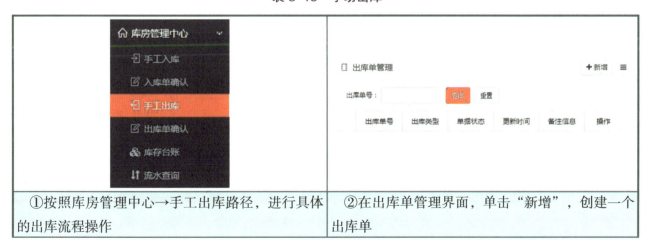

①按照库房管理中心→手工出库路径,进行具体的出库流程操作	②在出库单管理界面,单击"新增",创建一个出库单

109

续表

③输入必要的备注信息之后，单击"保存"	⑦出库单提交之后，按照库房管理中心→出库单确认路径，进行具体的出库流程操作
④出库单创建之后，在下侧会出现相应的出库明细。在此单击"新增"，添加需要入库的物料	⑧在出库单的明细管理界面，选择对应的物料，单击"出库登账"
⑤在新增入库单明细界面，单击并选择"物料名称"，然后填入数量等信息，保存至系统	⑨在"出库登账"界面，会显示当前物料存储的具体库位以及存储数量，在此选择某库位的物料，单击"确定"
⑥物料明细添加完成后，在上侧操作界面单击"提交出库单"，然后单击"确定"	⑩可以看到当前待出库物料已经登账

续表

⑪登账结束后，在上侧出库单管理界面，选择对应的入库单，单击"封闭入库单"，出库完成

⑫按照库房管理中心→流水查询路径，可以查询出入库的物料流水

⑬图所示为已经出库的流水记录

【任务评价】

任务评价如表3-16所示。

表3-16　任务评价

阶段	序号	评分标准	配分	自评	教师评价
职业素养	1	积极参与团队任务，分工明确，团队协作高效	5		
	2	责任心强，勇于承担责任，不推卸问题和责任，对执行结果负责	10		
	3	任务完成后主动按照实训室要求对系统进行保存并恢复	10		
知识掌握	1	熟悉车间生产中的物料流通过程	10		
	2	了解入库、在库及出库管理	10		
	3	了解车间物流的业务流程	10		
技能掌握	1	掌握物料计划的生成与处理能力	15		
	2	掌握MES物料入库及备料的能力	15		
	3	掌握MES物料出库能力	15		
合计					

任务 3.4 生产计划的执行与反馈

【任务描述】

生产计划的执行需要实时的数据监控，MES 系统的生产过程监视侧重于生产流程和工艺过程之间物料输送、质量指标的监控。它以生产过程的实时数据为基础，利用 MES 系统的组态技术，实现对生产车间、动力能源车间、辅料库、成品库等生产区域的生产进度、工艺质量、物料消耗情况进行实时监控。

如图 3-19 所示，本任务以歼 20 模型摆件的制造任务为例，在了解具体生产工艺的基础上，根据各行业生产工艺特点组织协调生产，安排相关设备、人员或组织进行生产，由系统跟踪生产过程数据，考核各项生产指标。

图 3-19　生产车间的制造任务

【任务目标】

熟悉 6S 管理方式。

了解典型车间生产的工艺。

掌握员工作业、设备作业、检测作业的执行流程和方法。

能够利用 MES 监测生产执行的情况。

【任务准备】

教学场地：生产车间、信息化教室。

软件系统：管控一体化 MES 系统（后文简称：MES 系统）。

实训平台：生产数据包、歼 20 模型生产线。

准备操作：实训指导教师预先导入相关系统数据包。

【岗位参与】

生产主管、设备管理员、操作员、质检员。

【课时安排】

建议学时共 4 学时，其中相关知识学习建议 2 课时，学员练习建议 2 课时。

【知识储备】

1. 生产现场 6S 管理

6S 管理，指的是在生产现场中对人员、机器、材料、方法等生产要素进行有效管理。6S 管理的基本目标是使组织有效地运作，为客户提供最优的产品与服务。工厂实施 6S 管理的目标是为了消除工厂中出现的各种不良现象，提高生产力、改善产品品质、降低成本，确保准时交货，确保安全生产以保持员工的高昂士气。其主要包含以下内容：

1) 整理（Seiri）

（1）定义。

将工作场所的任何物品区分为有必要和没有必要的，除了有必要的留下来，其他的都消除掉，如图 3-20 所示。

图 3-20　整理

（2）目的。

腾出空间，空间活用，防止误用，塑造清爽的工作场所。

（3）推行要领。

①现场检查：对所在的工作场所（范围）进行全面检查，包括看得到的和看不到的；

②制定标准："要"和"不要"物品的标准；

③清除不要物品；

④适度定量：调查需要物品的使用额度，决定日常用量；

⑤制定废弃物处理方法；

⑥自我检查：每日循环整理现场。

2) 整顿（Seiton）

（1）定义。

将必要的物品明确地规划、定位并明确标识，使得任何人都能够及时取得和准确地归位，如图3-21所示。

图3-21 整顿

（2）目的。

快速、准确、安全地取用物品，减少寻找物品的时间，提高工作效率。

（3）推行要领。

①分析现状：落实整理工作，规划作业流程；

②物品分类：确定物品放置场所，规定放置位置，进行标识；

③定置管理：划线定位。

3) 清扫（Seiso）

（1）定义。

清除现场的脏污，并防止污染的发生，如图3-22所示。

图 3-22 清扫

（2）目的。

清除"脏污"，查找污染源，保持明亮、干净、整洁的环境。通过防止污染源，降低清扫的次数，现场与设备都要擦得光亮。

（3）推行要领。

①领导以身作则，人人参与；

②建立清扫责任区（室内外），责任到人，不留死角；

③清扫、点检、保养相结合；

④杜绝污染源，建立清扫基准、行为规范。

4 清洁（Seiketsu）

（1）定义。

以上 3S（整理、整顿、清扫）的工作长期贯彻执行，确切而言，还包括利用创意和"目视化管理"（公开透明化）获得和坚持规范化的条件，以提高工作效率，如图 3-23 所示。

图 3-23 清洁

（2）目的。

维持 3S 实施的结果，保持令人愉快、干净、亮丽的工作环境，形成制度化、标准化，为企业文化的形成奠定坚实的基础。

（3）推行要领。

①制定目视管理及看板管理的基准；

②制定 6S 实施办法；

③制定稽查方法；

④制定奖惩制度，加强执行。

5) 素养（Shitsuke）

（1）定义。

人人依规矩行事，养成良好的习惯，如图 3-24 所示。

图 3-24　素养

（2）目的。

提升人员素质，培养员工养成良好的习惯，通过学习、培训使人员实现自我，遵守规矩，持续改进提升。

（3）推行要领。

①早会制度；

②制定公司有关规则、规定；

③制定礼仪守则；

④教育训练；

⑤推动各种激励活动；

⑥遵守规章制度。

6) 安全（Security）

（1）定义。

高度重视生命的尊严，维护人与财产不受侵害，懂得相关知识，自觉的安全意识，能够做到不伤害自己，不伤害他人，不被他人伤害，如图 3-25 所示。

图 3-25 安全

（2）目的。

创造一个无故障、无意外事故发生的工作现场，消除隐患，预防事故的发生，达到安全生产，保障人财物的安全。

（3）推行要领。

①落实全员的安全教育与训练；

②管理好消防设备；

③健全安全管理制度体系。

2. 典型离散制造工艺

如图 3-26 所示，歼 20 模型摆件的制作大体上分为四道加工工艺，由车间的智能化设备、人员配合，并由制造执行系统 MES 执行主要的生产管理。接下来要着重学习具体的加工工艺内容。

图 3-26 歼 20 模型摆件

1） 底座加工工艺

（1）工艺内容。

图 3-27 所示为整个底座加工的工艺流程，底座的原材料是一个圆柱形铝制毛坯。

原料　　车削　　铣削　　自动清洗　　底座成品

图 3-27 底座加工工艺

工业机器人从上料机取出底座毛坯，将其装夹在数控车床的卡盘上，然后经过数控车床的车削加工，加工底座的外圆，在加工间隙机器人会改变毛坯的装夹方向（图 3-28），完成毛坯整个外圆的车削加工。

如图 3-29 所示，接下来再由工业机器人将车削完成的零件转移到数控铣床的卡盘中，执行铣削加工。铣削加工时，可以加工出底座上的外圆凸台、支架安装孔、底座标识。

图 3-28　改变装夹方向　　　　图 3-29　数控铣削加工（上料）

最后工序是自动清洗。如图 3-30 所示，由工业机器人夹持底座零件，将其放置在自动清洗机进行清洗、烘干，清洗后底座零件上的金属碎屑、冷却液等污渍。

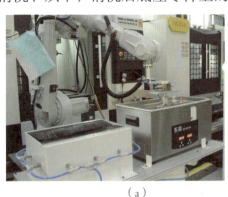

（a）　　　　　　　　（b）

图 3-30　自动清洗

（a）清洗工序；（b）烘干工序

（2）加工设备。

底座加工过程中，参与的主要设备及其功能如表 3-17 所示。

表 3-17　底座加工设备及其功能

序号	设备名称	功能	设备图例
1	数控车床	车削外圆	

续表

序号	设备名称	功能	设备图例
2	数控铣床1	铣削底座外圆凸台、标识、安装孔	
3	自动清洗机	清洗金属碎屑、污渍，烘干零件	

2）腹板加工工艺

（1）工艺内容。

如图3-31所示，腹板的原材料是一个方形铝制毛坯。

图3-31 腹板加工工艺

如图3-32所示，工业机器人从上料机取出腹板毛坯，将零件装夹到数控铣床的卡盘中，执行铣削加工。铣削加工时，可以加工出腹板上的凸台、支架安装孔。

图3-32 腹板铣削加工

最后工序是自动清洗，由工业机器人夹持腹板零件，将其放置在自动清洗机进行清洗、烘干，清洗后腹板零件上的金属碎屑、冷却液等污渍。

（2）加工设备。

腹板加工过程中，参与的主要设备及其功能如表3-18所示。

表 3-18 腹板加工设备及其功能

序号	设备名称	功能	设备图例
1	数控铣床 2	铣削腹板凸台、安装孔	
2	自动清洗机	清洗金属碎屑、污渍，烘干零件	

3) 组装工艺

（1）工艺内容。

如图 3-33 所示，成品组装的初始零件为歼 20 模型、底座、腹板，该工艺包括：视觉检测、激光镭雕、部件分装、产品总装等工艺。

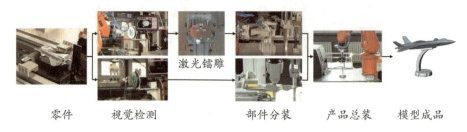

零件　　视觉检测　　　　部件分装　　产品总装　　模型成品

图 3-33 组装工艺

首先是视觉检测工序。如图 3-34 所示，主要检测待组装零件（歼 20 模型、底座、腹板）是否有明显缺陷。如果零件合格，会由工业机器人将其放置在传送带托盘的指定位置。如果零件不合格，将会被机器人放置在回收箱中（NG 字样）。视觉检测之后，所有零件将会传输至组装工作站。

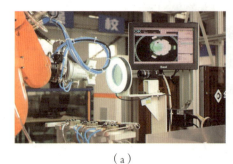
（a）

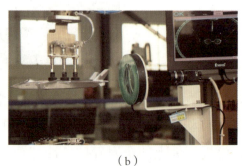
（b）

图 3-34 视觉检测工序

（a）检测底座零件；（b）检测歼 20 模型

其次是镭雕工序。工业机器人会将底座零件放置在组装工作站的激光镭雕机处做镭雕处理，加工出所需要的图标，如图 3-35 所示。

然后是部件分装工序。此处的装配分为歼 20 模型与腹板的装配、底座与支架的装配。

如图 3-36 所示，对于歼 20 模型与腹板的装配，首先机器人将歼 20 模型装夹在工作站特定变位机上，然后再夹持腹板零件放置在模型上。最后机器人换取末端执行器，取线边库中所存储的螺钉，将歼 20 模型与腹板安装固定。

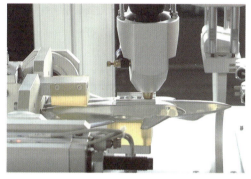

图 3-35　激光镭雕　　　　图 3-36　歼 20 模型与腹板的安装

如图 3-37 所示，对于底座与支架的装配，首先机器人夹持支架零件（线边库）将其放置在特定的工装夹具上，然后机器人调整底座的姿态，将其底面朝上放置在支架上。最后机器人换取末端执行器，取线边库中所存储的螺钉，将底座与支架安装固定。至此部件分装工序完毕，机器人分别将安装完毕的两部分放置在传送带的托盘上，传输至总装单元。

最后是产品总装工序。如图 3-38 所示，总装单元的机器人先将底座支架组件放置在固定位置，然后再夹持模型腹板组件，对准两组件的安装孔，将其装配在一起。至此模型装配结束。

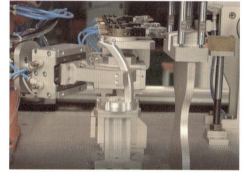

图 3-37　支架与底座的安装

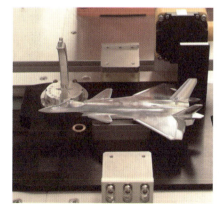

图 3-38　产品总装

（2）加工设备。

产品在组装过程中，参与的主要设备及其功能如表3-19所示。

表3-19 产品组装设备及其功能

序号	设备名称	功能	设备图例
1	视觉检测工作站	检测歼20模型、腹板、底座零件是否有瑕疵	
2	组装工作站	①底座的激光镭雕加工；②组装歼20模型与腹板；③组装底座与支架	
3	总装工作站	产品总装	

4 包装工艺

（1）工艺内容。

如图3-39所示，产品包装就是要将组装好的产品模型装箱并粘贴标签，达到能够直接进行交易的程度。该工艺主要包括装箱和贴标两个工艺，其中贴标工序由机器人从打标机处取得打印好的标签纸，然后粘贴在包装盒的顶盖上，完成商品的最后包装。

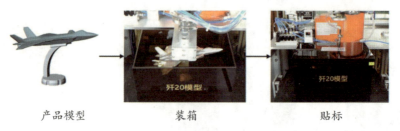

产品模型　　装箱　　贴标

图3-39 包装工艺

（2）加工设备。

产品包装过程中，参与的主要设备为包装工作站和 AGV，其主要功能如表 3-20 所示。

表 3-20 包装设备及其功能

序号	设备名称	功能	设备图例
1	包装工作站	①工业机器人转移产品；②制作并产出标签纸	
2	AGV	从产品库取外包装盒，接收产品，承载所有的包装工艺	

【任务实施】

1. 员工作业的执行

1) 员工作业

如图 3-40 所示，作为一线的操作员工或作业组长，要能够查看并执行 MES 中派发的工作任务，尤其是在操作过程中遇到新的任务或者工艺，需要具备在现场查询资料的能力。最后还要能在系统中记录对应的操作工时等信息。

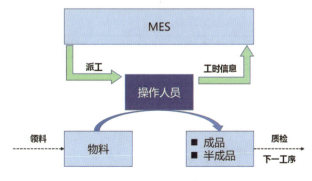

图 3-40 员工作业

② 具体操作

员工作业的执行如表 3-21 所示。

表 3-21　员工作业的执行

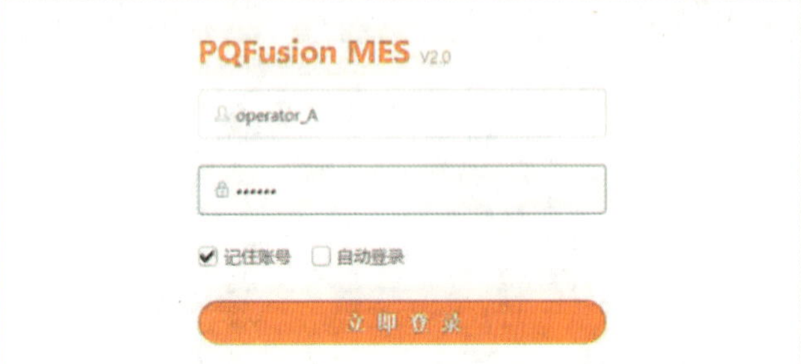

① 根据权限的不同，我们现在登录一个操作员的账号，来执行已经派发的任务

② 在操作员A的生产执行中心，单击员工作业，可以看到当前派发到该员工的生产任务

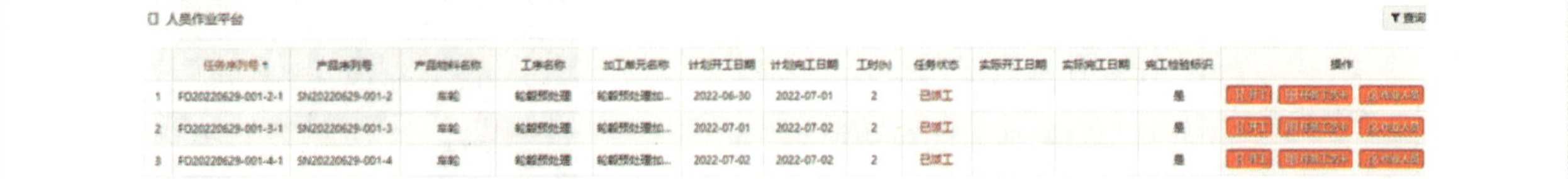

③ 在操作栏中，可以查看当前任务的作业人员、任务工艺卡等信息，具体信息如下：

③-1：在作业人员列表中，可以查看当前的操作人员以及操作工时

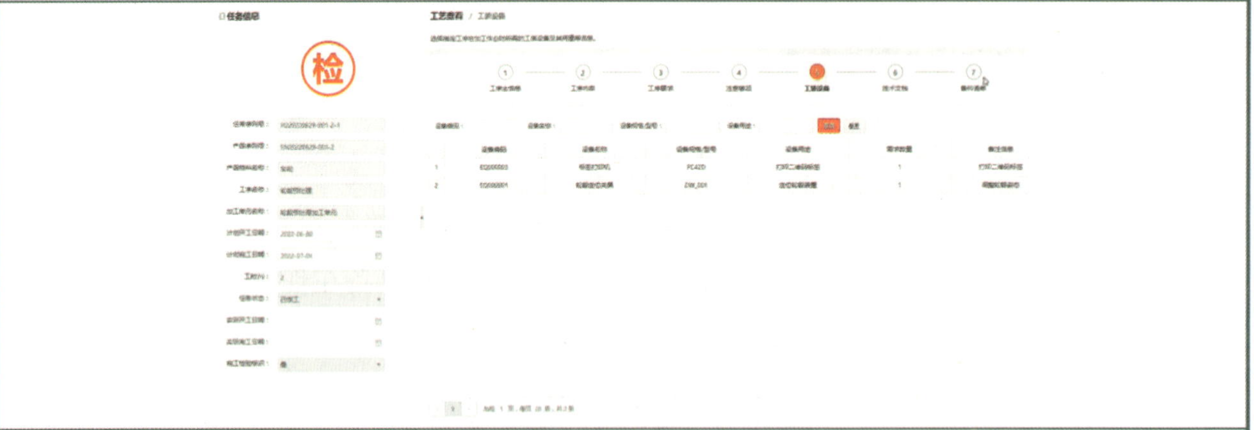

③-2：在工艺卡中，可以看到具体的工序内容、工序要求、备料清单等任务信息

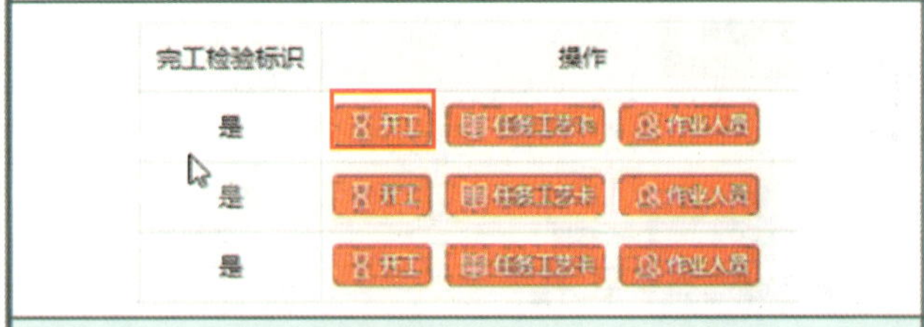

④ 选定一个任务，单击"开工"，此时工人就可以自行执行当前的工作任务

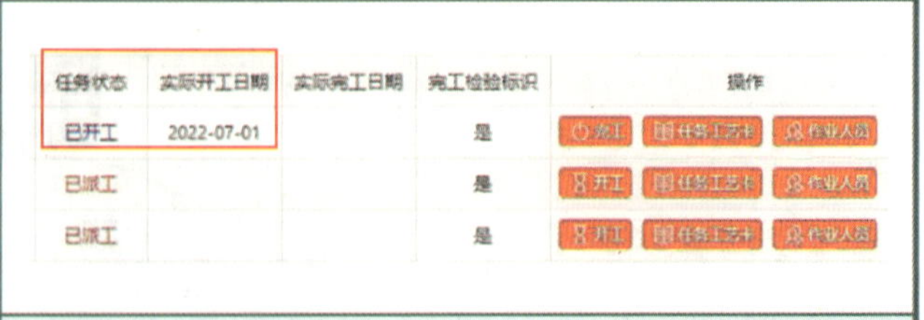

⑤ 开工时，系统会自动记录开工时间，此时任务状态为"已开工"

续表

任务序列号	产品序列号	产品物料名称	工序名称	加工单元名称	计划开工日期	计划完工日期	工时	任务状态	实际开工日期	实际完工日期	完工检验标识	操作
1 FO20220629-001-2-1	SN20220629-001-2	车轮	轮毂预处理	轮毂预处理加…	2022-06-30	2022-07-01	2	已完工	2022-07-01	2022-07-01	是	
2 FO20220629-001-3-1	SN20220629-001-3	车轮	轮毂预处理	轮毂预处理加…	2022-07-01	2022-07-02	2	已完工			是	
3 FO20220629-001-4-1	SN20220629-001-4	车轮	轮毂预处理	轮毂预处理加…	2022-07-02	2022-07-02	2	已完工			是	

⑥执行结束后，单击"完工"，系统会自动记录完工时间，这样一个作业任务就结束了。可以看到当前对应的任务状态为"已完工"

2. 设备作业的执行

1) 设备作业

如图3-41所示，生产设备与MES通过网关进行数据交互和业务派发。生产管理人员或一线员工需要按照MES派发的生产任务及规划开工时间，控制设备进行作业。同时还需要通过系统的监控功能，对生产过程进行监督。

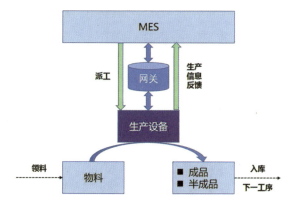

图3-41 设备作业

2) 具体操作

设备作业的执行如表3-22所示。

表3-22 设备作业的执行

①在生产执行中心，单击"设备排产作业"，在"设备作业平台"界面可以看到当前已经派发的设备生产任务

续表

②选择一个设备任务，单击操作栏中的"下发机加任务"或"下发组装任务"按钮，对应设备即开始执行作业任务

③在生产执行中心单击"设备任务查询"，可以查看当前各任务的执行状态

④选择一个生产设备，右侧便会出现当前该设备的所有任务

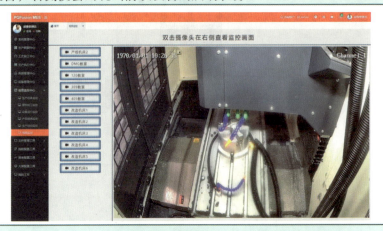

⑤在设备作业过程中，可以在信息监控中心实时监控每个作业的执行过程

⑥单击"过程追踪"，为作业任务执行记录，能够显示当前任务已经执行完毕的具体工序

续表

	任务序列号	工序编号	工序名称	任务状态	更新时间	操作
5	FO20220711-001-2-1	M000008_002	飞机模型组装A	未开始	2022-0...	过程追踪 手动封闭任务
6	FO20220711-001-1-1	M000008_002	飞机模型组装A	未开始	2022-0...	过程追踪 手动封闭任务
7	FO20220316-001-1-1	M000008_002	飞机模型组装A	未开始	2022-0...	过程追踪 手动封闭任务
8	FO20211220-001-1-1	M000008_002	飞机模型组装A	已封闭	2022-0...	过程追踪
9	FO20211220-001-3-1	M000008_002	飞机模型组装A	已封闭	2021-1...	过程追踪
10	FO20211220-002-4-1	M000009_002	飞机模型组装B	已封闭	2021-1...	过程追踪
11	FO20211220-001-5-1	M000008_002	飞机模型组装A	执行中	2021-1...	过程追踪 手动封闭任务

⑦设备作业完成后，任务状态即变更为"已封闭"，执行完成。

未开始：作业任务未下发到具体设备；

执行中：设备正在执行作业；

已封闭：作业任务已结束或停止。

3. 检验作业的执行

1) 检验作业

如图3-42所示，检验作业主要是针对生产线上的已经完工的成品或者半成品，由质检人员进行质量检验并分类，然后根据结果的不同进入下一阶段的处理。对于质检人员而言，需要在MES中接收下发的检验任务，同时对新的检测工艺需要具备从系统中查询工艺的能力。最后能够将质检结果和情况反馈至系统中，即完成所有的质检作业。

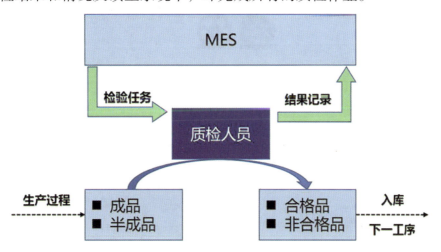

图3-42 检查作业

2) 具体操作

检验作业的执行如表3-23所示。

表3-23 检验作业的执行

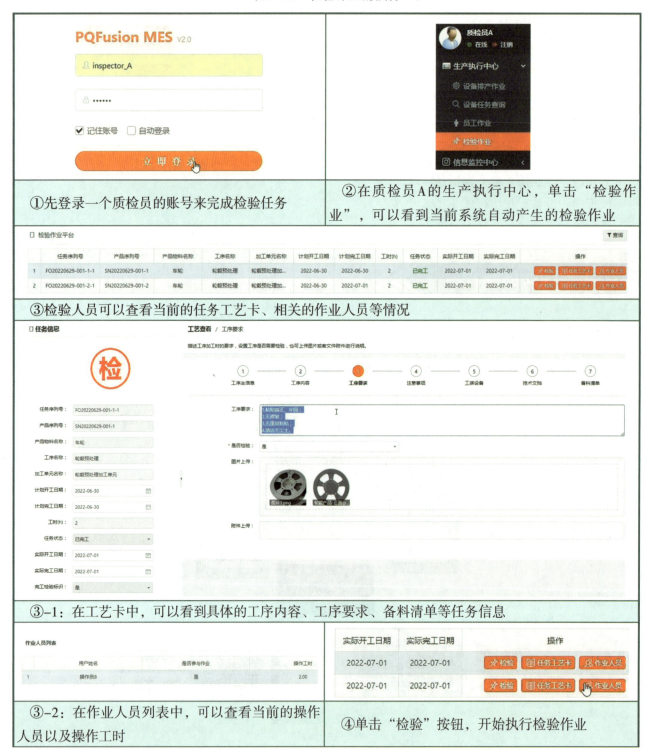

续表

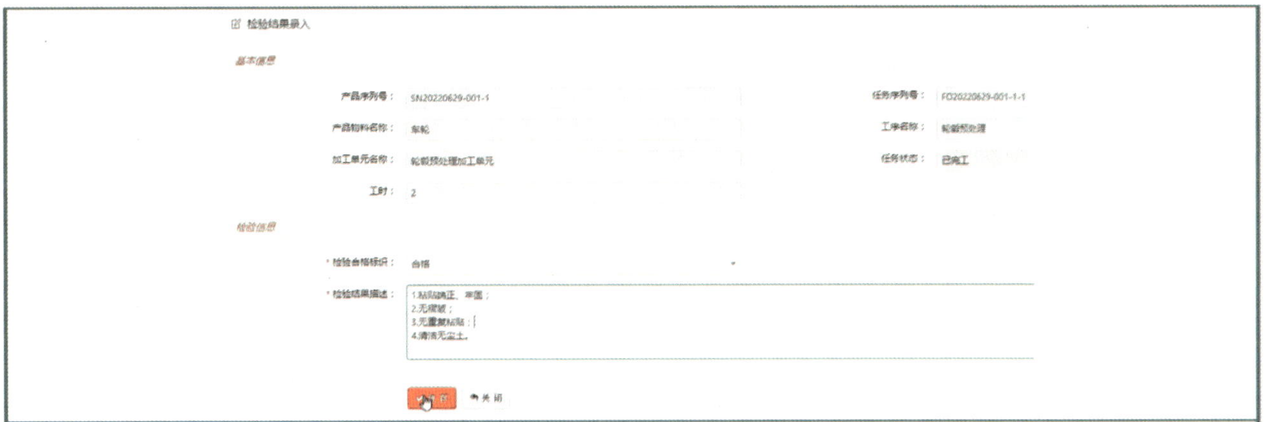

⑤在检验结果界面，记录当前零件的检测结果，并给出是否合格的结论。保存后，检验流程就结束了。图所示为检验合格的结果记录	
⑥图所示为检验不合格的结果记录。参考上述操作，将其余已经完工的零件全部检验完毕	⑦在信息监控中心单击检验信息查询，可以看到当前任务的执行状态以及检验结果
⑧对于不合格的任务可以着重关注相关的结果描述，以待改进工艺	

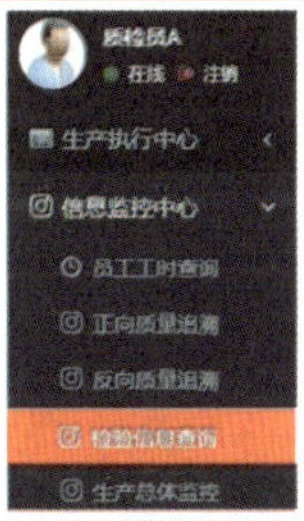

【任务评价】

任务评价如表 3-24 所示。

表 3-24　任务评价

阶段	序号	评分标准	配分	自评	教师评价
职业素养	1	积极参与团队任务，分工明确，团队协作高效	5		
	2	责任心强，勇于承担责任，不推卸问题和责任，对执行结果负责	10		
	3	任务完成后主动按照实训室要求对系统进行保存并恢复	10		

续表

阶段	序号	评分标准	配分	自评	教师评价
知识掌握	1	了解典型的离散制造工艺	10		
	2	熟悉车间生产6S管理模式	10		
	3	熟悉MES与人员、设备之间的关系	10		
技能掌握	1	掌握利用MES执行员工作业的能力	15		
	2	掌握利用MES执行设备作业的能力	15		
	3	掌握利用MES执行检验作业的能力	15		
合计					

【项目评测】

项目三　MES系统的生产管理

知识测试

一、选择题

1.下列哪种方式不是MES订单数据的接收来源？（　　）

A. ERP系统　　　　　　B. 数据文件

C. 口头通知　　　　　　D. 手工录入

2.下列哪种派工方法适用于成批生产和比较稳定的单件小批生产车间？（　　）

A. 标准派工法　　　　　B. 定期派工法

C. 临时派工法　　　　　D. 计算机模拟作业分配法

3.（　　）根据生产计划制定车间线边库物料准备表。

A. 生产计划员　　　　　B. 库管员

C. 车间主任　　　　　　D. 总经理

4.下列哪一项不属于6S管理的内容？（　　）

A. 认真　　　　　　　　B. 清洁

C. 清扫　　　　　　　　D. 安全

二、判断题

1.生产订单录入是不需要审核的。　　　　　　　　　　　　　　　　　　　（　　）

2.派工单是最基本的生产凭证之一。　　　　　　　　　　　　　　　　　　（　　）

3.生产管理的核心目标是降低生产成本，提高生产利润。　　　　　　　　　（　　）

4.实施6S管理的主要对象是员工，而非物料、车间等硬件。　　　　　　　（　　）

项目四
生产数据监控与管理

项目导言

　　工厂充足的各项生产资源是确保生产过程能够顺利完成的基础条件。因此，在对工厂生产进行管理时，需要做好对人、机、料、法、环、测等相关要素的监控管理，提供这些生产资源的实际状态以及历史监控记录等相关信息，确保生产活动能够顺利进行。MES系统可实现从生产计划的执行情况、设备的运行状态以及生产环境情况等多个方面进行监控管理。此外，还可监控并管理由于人员、设备、质量等方面的原因引起的报警，实现及时发现问题、迅速处理，并在处理完成后第一时间汇报处理结果，保证其生产过程在严格的监控下顺利进行。在监控功能的实现过程中，采用分布式数字控制技术，采集系统数据以及制造终端数据，并实时监控生产设备的运行状态，促进设备利用率的提升。

　　MES系统内的电子文档管理适用于创建和管理文件文档化的工作流，创建和管理规则的发布程序和通知流程，支持无纸化生产，确保文档管理和法律确定性数据存档，文档更改日志和版本历史记录，管理技术图纸和技术文件。

　　设备管理功能主要对生产设备进行有效的管理工作。目的在于：帮助企业建立完整的设备基础档案；帮助企业规范设备预防性点检和保养作业标准，提升设备保障能力和使用寿命；帮助企业实现设备状态的实时监控；帮助企业建立设备维修档案，提高维修效率。

知识目标

- 了解MES系统中生产数据的监控内容及监控方式。
- 理解并掌握电子文档管理的内容及管理方式。
- 理解并掌握MES系统中设备管理内容及方式。

能力目标

会使用大屏配置工具,能够进行文件管理和分享、设备信息管理以及设备故障记录和设备保养记录,能够实施生产总体监控。

情感目标

培养安全、环保、节能意识和严格按照行业安全工作规程进行操作的意识。

工作任务

```
           项目四 生产数据
             监控与管理
        ┌────────┼────────┐
  任务4.1 生产数据   任务4.2 电子文档   任务4.3 设备管理
      监控            管理
```

任务 4.1　生产数据监控

【任务描述】

工厂生产线在生产中和生产后会产生生产数据，车间主任需要定期监控生产数据，掌握生产进度，结合生产订单及时调整生产任务。图 4-1 所示为生产看板。

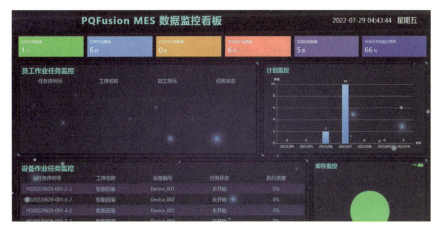

图 4-1　生产看板

【任务目标】

掌握生产总体监控方法。

掌握大屏配置工具使用方法。

【任务准备】

PQFusion 管控一体化 MES 系统的平台。

【课时安排】

建议学时共 4 学时，其中相关知识学习建议 1 课时，学员练习建议 3 课时。

【知识储备】

1. 生产数据采集

智能制造离不开车间生产数据的支撑。在制造过程中，自动化生产设备不仅是生产工具和设备，更是车间信息网络的节点，通过对生产设备数据的自动化采集、统计、分析和反馈，将结果用于改善制造过程，大大提高制造过程的柔性和加工过程的集成性，从而提升产品生产过程的质量和效率。

MES 系统与数控系统、PLC 系统以及机床电控部分的智能化集成，实现对机床数据采集部分的自动化执行，不需要操作人员的手动输入，这样保障了数据的实时性和准确性。在采集数据的挖掘方面，MES 系统为企业提供了更为专业化的分析和处理，个性化的数据处理和丰富的图形报表展示，对机床和生产相关的关键数据进行统计和分析，如开机率、主轴运转率、主轴负载率、NC 运行率、故障率、设备综合利用率（OEE）、设备生产率、零部件合格率、质量百分比等。精确的数据及时传递并分散到相关流程部门处理，实时引导、响应和报告车间的生产动态，极大提升了解决问题的能力，推进了企业车间智能制造的进程。

2. 生产数据采集方式

（1）手工采集：手工采集是指由工位上的生产操作人员采用手工方式将数据信息录入 MES 的工位生产客户端。具体的信息录入方式包括通过屏幕键盘或外接键盘输入文字和数字信息、单击屏幕上的按钮触发事件以及用扫码枪读取条码包含的信息。

（2）自动采集：自动采集是指由系统定时或不定时地从设备终端中自动采集信息。具体的信息采集方式有：采用 RFID 技术，通过射频信号自动识别目标对象并获取相关数据；通过数据接口采集设备数据，主要设备类型有 PLC、数控机床、机器人以及各种测量设备等。

在流程型生产企业，生产自动化程度较高，主要采用自动化的设备数据采集方式，大量的数据来自 PLC；在离散型制造企业，生产自动化程度不是太高，主要采用人工录入方式进行数据采集，并结合一些条码扫描方式和 RFID 标签识别方式。

3. 生产数据采集功能

（1）实时采集来自生产线的产量数据或是不良品的数量，或是生产线的故障类型（如停线、缺料、品质），并传输到数据库系统中；

（2）接收来自数据库的信息，如生产计划信息、物料信息等；

（3）传输检查工位的不良品名称及数量信息；

（4）连接检测仪器，实现检测仪器数字化，数据采集仪自动从测量仪器中获取测量数据，进行记录，分析计算，形成相应的各类图形，对测量结果进行自动判断，如机械加工零部件的跳动测量、拉力计拉力曲线的绘制等。

4. 生产数据种类

生产数据包含了各种生产要素在生产过程中的过程信息：

（1）工位生产人员信息，如工位生产人员在哪个工位上干过活，以及上工、下工的时间记录信息。

（2）物料信息，如物料被工位接收的信息（包括时间、工序工位、数量以及用于哪个订单生产），物料被使用的信息（包括时间、工序工位、使用量、剩余量以及用于哪个订单生产）。

（3）工位任务生产过程信息，如每个工位任务的生产开始时间、中间暂停时间、生产结束时间，每个加工工步的工时消耗信息。

（4）在制品信息，如在制品被工位接收的信息（包括时间、工序工位、数量以及用于哪个订单生产），在制品被使用的信息（包括时间、工序工位、使用量、剩余量以及用于哪个订单生产）和在制品被返工的信息（包括时间、工序工位、返工量、哪个订单）。

（5）生产中触发的非正常流程信息，如物料异常（扣留）情况的处理信息、在制品异常（下线维修）情况的处理信息。

（6）生产设备及工装的技术参数信息，如生产设备及工装上各种传感器的实时数据。

5. 生产进度控制

生产进度控制就是及时检查订单的生产进度，以保证订单产品能够准时完工、按时交货。在计划执行过程中，各种生产条件都有可能发生变化，比如生产设备发生非计划性停机，生产操作人员发生变动，物料不能及时供应，甚至由于物料的原因需要调整生产工艺等，这些变化因素都会使生产计划不能按时完成，因此需要通过一系列有效的控制活动来保证计划的执行。

生产进度控制分为三步：

（1）进度统计。用统计表或统计图的形式反映生产执行的真实状况。

（2）进度预测与情况分析。根据进度统计结果对所有生产订单的完成时间做出预测。并对生产执行情况进行分析，发现影响订单生产进度的瓶颈因素。

（3）作业调整。对于有延期风险的订单，需要管理人员做出及时的生产调整，比如适当调整生产作业顺序,把时间紧迫的订单提前安排生产。如果作业计划调整后还无法满足要求,则采取安排必要的加班等措施。

6. 生产绩效分析

生产管理的核心目标是降低生产成本,提高生产利润,而降低成本的重要抓手是严格控制生产中的变动成本。很多以加工装配为主的离散型制造企业都是人员密集型企业,在这样的企业中,人员成本是一个变化量很大的变动成本。通过生产过程的信息化,可以及时准确地掌握与生产成本相关的各种生产数据,进而分析确定产品生产率的绩效目标,用于对生产人员的绩效考核与评价,从而促进生产率的提升。

在离散型制造企业中,按照产品生产工艺流程的设计,每个产品都要经过若干道工序的生产,每道工序里边又可以分为若干道工步。企业可以给每件产品的每道工步(或工序)定义一个标准工时,所谓工步(工序)标准工时,就是指一个相对熟练的生产人员进行基于生产工时的绩效分析,只有 MES 才能帮助企业实现这样的绩效管理。

MES 为生产管理者提供了车间生产情况的统计信息。

对每天的生产情况给出了三个数据的对比:"计划"(计划的产品数量)、"排程"(排程的产品数量)以及"完成"(完成的产品数量)。

每个工序当天的生产情况,包括"待生产"(待生产的数量)和"已生产"(已生产的数量),管理人员可以直观地了解每个工序的生产任务量和完成量,及时了解各个工序的生产进度情况。

每个工序当前的"在线人数"(在岗的生产人员数量),管理人员可以直观地了解整个车间的工人在岗情况。

MES 的工位生产客户端是一个工位数据采集终端,具体数据如下:

生产人员在工位终端上的登录记录(包括登录的时间、退出的时间)。

每个生产任务的开始生产时间。

每个生产任务的结束生产时间。

每个生产任务的报工记录(每个工步完成了多少件产品的生产)。

MES 提供了查询每个生产人员在某一天的生产绩效详细情况的功能。绩效详细情况中显示了每个人的在线时间(单击"查看登录记录"可以看到详细的登录记录)、管理工时,列出了详细的报工记录,最后计算出了理论完成时间和实际完成时间。如果实际完成时间小于或等于理论完成时间,则绩效成绩为"合格",否则为"不合格"。

7. 信息监控

信息监控中心包含生产总体监控、原料加工监控、设备运行监控、产品组装监控、生产动态监控、视频监控、改造机床监控 1 和改造机床监控 2。

1) 生产总体监控

生产总体监控界面如图 4-2 所示，包含生产中心、机加线利用率、产线报警次数、产线日产量与运行时长、质量检测中心、原料库、中转库、产品库和视频监控中心多个模块。

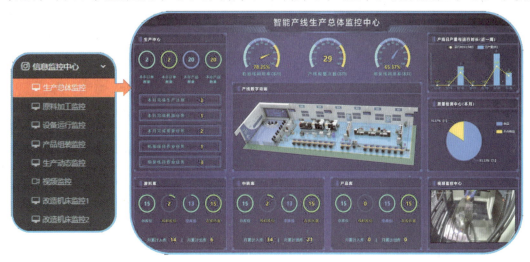

图 4-2　生产总体监控界面

2) 原料加工监控

原料加工监控界面如图 4-3 所示，包含原料库台账监控、原料库加工可用库位、机加线作业任务列表、机加线实时执行任务和 1 号 AGV 监控。

图 4-3　原料加工监控界面

3) 设备运行监控

设备运行监控界面如图 4-4 所示,包含对机加线从左向右 3 台机床的运行参数监控,包括机械坐标、工件坐标、主轴转速、进给速度、刀具号、程序运行时间等参数,其中主轴转速以实时曲线进行展示。界面下方为机加站机器人第七轴的实时位置监控。

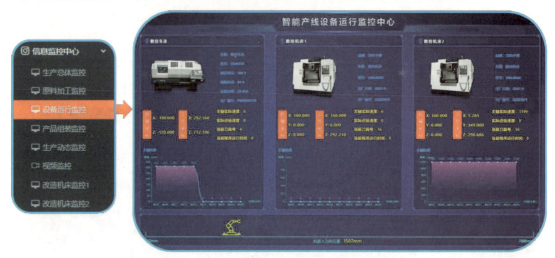

图 4-4 设备运行监控界面

4) 产品组装监控

产品组装监控界面如图 4-5 所示,包含中转库台账监控、中转库加工可用库位、组装线作业任务列表、组装线实时执行任务和 2 号 AGV 监控。

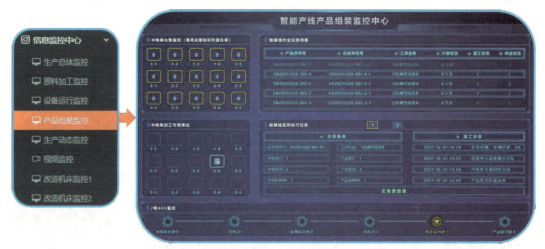

图 4-5 产品组装监控界面

5) 生产动态监控

生产动态监控界面如图 4-6 所示,包含产品库台账监控、产线报警动态、产线完工动态、库房出入库动态。

项目四　生产数据监控与管理

图 4-6　生产动态监控界面

6) 视频监控

视频监控界面如图 4-7 所示，MES 系统集成接入了产线机床内部摄像头、车间教室摄像头、改造机床内部摄像头等监控画面，双击左侧摄像头，可直接在界面中查看实时的摄像头画面。

图 4-7　视频监控界面

7) 改造机床监控1

改造机床监控 1 界面如图 4-8 所示，产线 MES 与应用场景内的光纤网络已经打通，通过远程采集机床设备实时展示运行参数。

139

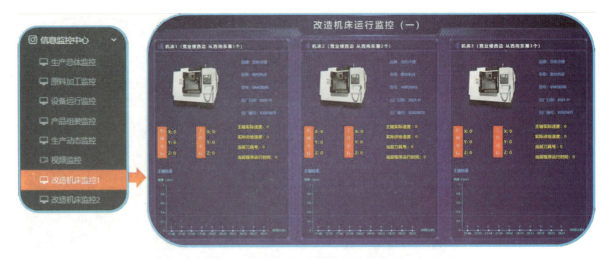

图 4-8 改造机床监控 1 界面

b) 改造机床监控2

改造机床监控 2 界面如图 4-9 所示。

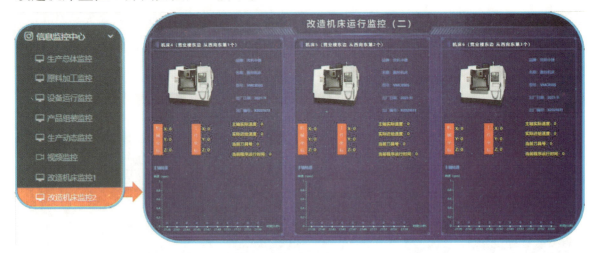

图 4-9 改造机床监控 2 界面

【任务实施】

1. 生产总体监控

在生产过程中和生产结束后,可以对生产的过程和生产的结果进行实时监控。根据可视化数据大屏上显示的数据,便能及时调整生产计划。生产总体监控的具体流程如表 4-1 所示。

表 4-1 生产总体监控的具体流程

① 单击"信息监控中心"下的"生产总体监控",会弹出可视化大屏的页面

② 该数据监控面板为默认的可视化大屏,在其中可以监控未生产、生产中和完成生产的产品作业情况

2. 大屏配置工具

某些数据在生产总体监控内没有显示,如果想显示这些数据可以自己利用大屏配置工具制作可视化大屏。大屏配置工具的具体流程如表 4-2 所示。

表 4-2　大屏配置工具的具体流程

①单击菜单下的"大屏配置工具",会弹出可视化数据大屏编辑的页面

②可以使用现有的模板。如果想要自己创建大屏模板,则单击"新建大屏",填写名称、尺寸等参数

③在网页顶部找到想要的控件插入界面中,并编辑内容。完成后单击"保存"按钮,该可视化数据大屏模板制作完毕,便可在大屏配置工具中实时查看

【任务评价】

任务评价如表 4-3 所示。

表 4-3 任务评价

评价项目	比例	配分	序号	任务要求	评分标准	自评	教师评价
生产总体监控	40%	40分	1	掌握生产总体监控方法	未掌握扣20分		
			2	能解读生产数据	未能解读扣20分		
大屏配置工具	60%	60分	1	掌握创建可视化数据大屏方法	未掌握扣30分		
			2	掌握编辑可视化数据大屏方法	未掌握扣30分		
合计							

任务 4.2 电子文档管理

【任务描述】

在产品的设计、生产、销售和售后等阶段都要制作相应的电子文档,比如设计图纸、生产指导书、销售合同、产品使用指导书等。档案管理员都要将这些电子文档按照要求进行归档整理。

【任务目标】

掌握文件管理方法。
掌握文件共享方法。

【任务准备】

PQFusion 管控一体化 MES 系统的平台。

【课时安排】

建议学时共 4 学时,其中相关知识学习建议 4 课时。

【知识储备】

1. 电子文档管理原则

电子文件归档与电子档案管理应遵循纳入单位信息化建设规划、技术与管理并重、便于利用和安全可靠的原则。应对电子文件、电子档案实施全程和集中管理,确保电子档案的真实性、可靠性、完整性与可用性。

公司应建立严格的管理制度,明确相关部门电子文件归档和电子档案管理的职责与分工,主要包括四类部门的职责与分工：

（1）档案部门负责制定电子文件归档与电子档案管理制度，提出业务系统电子文件归档功能要求，负责电子档案管理系统的建设与应用培训；负责指导电子文件形成或办理部门按归档要求管理应归档的电子文件；负责电子文件归档和电子档案编目、管理和处置等各项工作。

（2）电子文件形成或办理部门负责电子文件的收集、整理、著录和移交归档等工作。

（3）信息化部门负责依据标准建设业务系统电子文件归档功能，参与电子档案管理系统建设，为电子档案管理提供信息化支持。

（4）保密部门负责监督涉密电子文件归档和电子档案的保密管理。

相关人员应明确各门类电子文件及其元数据的归档范围、时间、程序、接口和格式等要求。应执行规范的工作程序，采取必要的技术手段，对电子文件归档和电子档案管理全过程实行监控。应基于安全的网络和离线存储介质实施电子文件归档和电子档案管理。

2. 电子文件的收集

相关人员应在业务系统电子文件拟制、办理过程中完成电子文件的收集，声像类电子文件、在单台计算机中经办公、绘图等应用软件形成的电子文件的收集由电子文件形成部门基于电子档案管理系统或手工完成。

相关人员应齐全、完整地收集电子文件及其组件，电子文件内容信息与其形成时保持一致，包括但不限于以下6个方面的要求：

（1）同一业务活动形成的电子文件应齐全、完整。

（2）电子公文的正本、正文与附件、定稿或修改稿、公文处理单等应齐全、完整。

（3）在计算机辅助设计和制造过程中形成的产品模型图、装配图、工程图、物料清单、工艺卡片、设计与工艺变更通知等电子文件及其组件应齐全、完整。

（4）声像类电子文件应能客观、完整地反映业务活动的主要内容、人物和场景等。

（5）邮件、网页、社交媒体类电子文件的文字信息、图像、动画、音视频文件等应齐全、完整，网页版面格式保持不变。需收集、归档完整的网站系统时，应同时收集网站设计文件、维护手册等。

（6）以专有格式存储的电子文件不能转换为通用格式时，应同时收集专用软件、技术资料、操作手册等。

以公务电子邮件附件形式传输、交换的电子文件，应下载并收集、归入业务系统或存储文件夹中。

3. 电子文件的整理

相关人员应在电子文件拟制、办理或收集过程中完成保管期限鉴定、分类、排序、命名、存储等整理活动,并同步完成会议记录、涉密文件等纸质文件的整理。

应以件为管理单位整理电子文件,也可根据实际以卷为管理单位进行整理。整理活动应保持电子文件内在的有机联系,建立电子文件与元数据的关联。

应基于业务系统完成电子文件、纸质文件的整理,声像类电子文件的整理由电子文件形成部门基于电子档案管理系统或手工完成。

应归档电子文件保管期限分为永久、定期30年和定期10年等。

应在分类方案下按照业务活动、形成时间等关键字,对电子文件元数据、纸质文件目录数据进行同步排序,排序结果应能保持电子文件、纸质文件之间的有机联系。

应按规则命名电子文件,命名规则应能保持电子文件及其组件的内在有机联系与排列顺序,通过计算机文件名元数据建立电子文件与相应元数据的关联,具体要求如下:

(1)应由业务系统按内置命名规则自动、有序地为电子文件及其组件命名。

(2)在单台计算机中经办公、绘图类应用软件形成的电子文件,应采用完整、准确的电子文件题名命名。

(3)声像类电子文件可采用数字摄录设备自动赋予的计算机文件名。

可参照分类方案在计算机存储器中建立文件夹集中存储电子文件及其组件,完成整理活动。

4. 电子文件归档程序与要求

电子文件形成或办理部门、档案部门可在归档过程中基于业务系统、电子档案管理系统完成电子文件及其元数据的清点、鉴定、登记、填写电子文件归档登记表(表4-4)等主要归档程序。

表4-4 电子文件归档登记表

单位名称					
归档时间		归档电子文件门类			
归档电子文件数量	卷	件	张	分钟	字节
归档方式	□在线归档		□离线归档		
检验项目	检验结果				
载体外观检验					
病毒检验					

续表

真实性检验	
可靠性检验	
完整性检验	
可用性检验	
技术方法与相关软件说明 登记表、软件、说明资料检验	
电子文件形成或办理部门（盖章） 年　月　日	档案部门（盖章） 年　月　日

应清点、核实电子文件的门类、形成年度、保管期限、件数及其元数据数量等。

应对电子文件的真实性、可靠性、完整性和可用性进行鉴定，鉴定合格率应达到100%，包括：

（1）电子文件及其元数据的形成、收集和归档符合制度要求。

（2）电子文件及其元数据能一一对应，数量准确且齐全、完整。

（3）电子文件与元数据格式符合归档格式要求。

（4）以专有格式归档的，其专用软件、技术资料等齐全、完整。

（5）加密电子文件已解密。

（6）电子文件及其元数据经安全网络或专用离线存储介质传输、移交。

（7）电子文件无病毒，电子文件离线存储介质无病毒、无损伤、可正常使用。

档案部门应将清点、鉴定合格的电子文件及其元数据导入电子档案管理系统预归档库，自动采集电子文件结构元数据，通过计算机文件名建立电子文件与元数据的关联，在管理过程元数据中记录登记行为，登记归档电子文件。

应依据清点、鉴定结果，按批次或归档年度填写电子文件归档登记表，完成电子文件的归档。

【任务实施】

1. 文件管理

在文件管理中，可以上传电脑内的文件至 MES 系统，便于保存与传输。上传之后可以将文件分享其他人员。文件管理的具体流程如表 4-5 所示。

表 4-5 文件管理的具体流程

单击"文件管理工具"下的"文件管理",在左上角可以选择"公共文件柜"或者"个人文件柜"。单击"新建文件夹"可以创建文件夹,之后可以在自建的文件夹上传文件。单击"上传文件"可以选择电脑里的文件上传至当前目录下

2. 文件分享

在 MES 系统里,可以将存储在系统里的文件分享给其他人员,他人可以通过共享直接下载保存。文件分享的具体流程如表 4-6 所示。

表 4-6 文件分享的具体流程

①单击"文件管理工具"下的"文件管理",勾选要分享的文件,单击"分享",勾选要分享的公司部门或者人员,然后单击"保存"

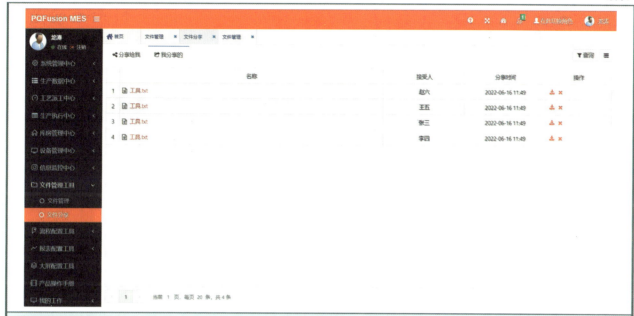

②单击"文件管理工具"下的"文件分享",然后单击"我分享的",可以查看到自己的哪些文件共享给了哪些人员。单击"下载"按钮可以下载分享的文件,单击"取消分享"按钮可以取消目标人员的分享

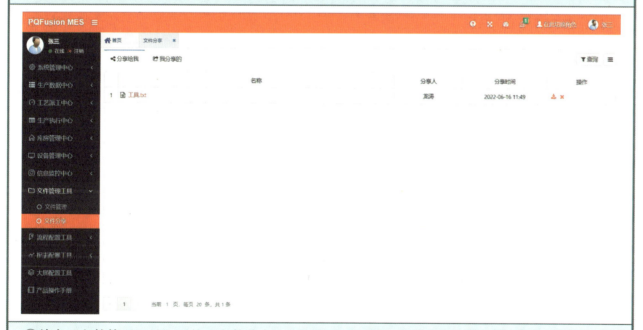

③单击"文件管理工具"下的"文件分享",可以查看到其他人员分享给自己的文件。单击"下载"按钮可以下载分享的文件,单击"取消分享"按钮可以取消目标文件的分享

【任务评价】

任务评价如表 4-7 所示。

表 4-7 任务评价

评价项目	比例	配分	序号	评分标准	评分标准	自评	教师评价
文件管理	40%	40 分	1	掌握新建文件夹的方法	未掌握扣 20 分		
			2	掌握文件上传的方法	未掌握扣 20 分		
文件分享	60%	60 分	1	掌握文件分享的方法	未掌握扣 20 分		
			2	掌握取消文件分享的方法	未掌握扣 20 分		
			3	掌握下载分享文件的方法	未掌握扣 20 分		
合计							

任务 4.3 设备管理

【任务描述】

在工厂生产过程中,设备处于中心地位。设备管理员需要将设备信息登记在MES系统里。当设备发生故障,设备管理员需要填写设备故障单;设备维修人员收到设备故障单后,先要维修设备,然后在MES系统里填写故障维修单。当设备要维护时,设备维护人员也要在MES系统里填写设备维护单。

【任务目标】

掌握设备信息管理方法。
掌握设备故障记录方法。
掌握设备保养记录方法。

【任务准备】

PQFusion管控一体化MES系统的平台。

【课时安排】

建议学时共4学时,其中相关知识学习建议1课时;学员练习建议3课时。

【知识储备】

1. 设备管理

设备是完成工艺过程的主要生产装置。生产设备处在车间生产活动的中心地位。设备的运转情况会影响产品产量和质量,设备发生故障停机检修将影响生产调度。可以说,设备管理是企业生产活动的物质技术基础，决定着企业生产效率和质量，要维持正常的生产效率就离不开对设备的管理。

当前，工业制造环境趋于智能化，越来越多的智能设备已投入制造生产。然而，智能设备无论多么智能，总归是机器，是机器就会出问题，而且一旦遇到关键设备停机，将给企业带来不可估量的经济损失。因此，在智能制造新形势下，对生产设备的技术管理水平要求更高。MES设备管理关注车间设备的技术状态，强调数字化和预防性。

设备管理应包括设备基础信息、设备运用管理、备件管理、设备故障管理、设备维护管理、统计分析，如图4-10所示。

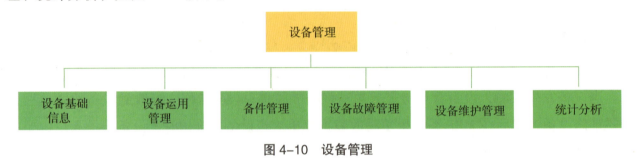

图4-10 设备管理

2. 设备信息管理

设备信息是生产调度、设备维护管理业务的基础。设备信息包括设备本身固有的基础信息和设备运行期间产生的动态信息。

1) 设备基础信息

设备作为生产物质资源，在MES初始化阶段应定义完成。设备基础信息分为以下几种（图4-11）：

设备类别：生产企业对设备的分类。将生产企业中有类似特征的生产设备分组归类，每类设备都有一组相同的特性。

设备台账：设备名称、设备编号、设备型号、生产厂家、技术参数、使用部门以及设备技术状态，如设备的启用、故障、维修、空闲和报废等状态。

设备档案：设备的技术资料、维护手册、操作手册、安装资料、验收资料、安全文件以及相关图形、影视文档等。

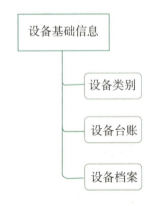

图4-11 设备基础信息

2） 设备运行信息

设备运行信息是设备在使用过程产生的信息，如设备运行监控记录、设备故障维修记录、设备保养记录、设备点检和巡检记录等，如图 4-12 所示。

图 4-12　设备运行信息

3. 备件管理

备件管理维护设备备件信息及在库状态，为维修提供备件的支持。备件管理应包括以下内容：

设备备件构成管理：实现对设备备件组成的维护管理，方便在维修工作安排时对备件的快速查找。

备件仓库管理：实现备件的入库、发放、归还、盘点、移库等管理内容，方便了解备件库存数量等相关信息。

4. 设备故障管理

设备故障板块能对设备故障信息进行有效管理，包括故障字典、设备故障管理、设备故障维修管理等内容。设备故障应包括以下内容：

故障字典：建立统一的设备故障字典，以便于对故障情况进行有效的统计分析；

设备故障管理：描述设备的故障内容、现象、影响、停机损失等信息，便于统计设备故障信息；

设备故障维修管理：提供设备故障维修过程信息，描述故障现象、故障原因、维修情况、更换件型号、数量、价格等信息。

5. 设备维护管理

设备维护管理属于制造执行的运行维护活动，是一组协调、指导和跟踪设备的活动。设备维护管理由八个活动组成，如图 4-13 所示。

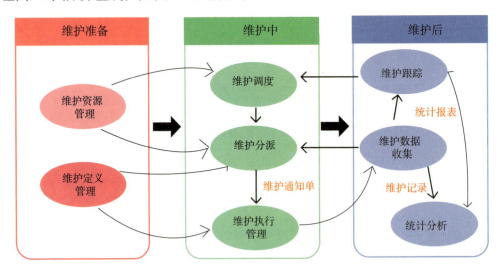

图 4-13　设备维护管理

（1）维护资源管理：提供对维护设备、工具和人员等资源的管理。

（2）维护定义管理：提供对设备资料（如使用说明书、维护手册、维修操作手册和诊断程序等）的管理，用于指导维护人员的维护活动。

（3）维护调度：指根据维护请求以及当前的生产计划、可用资源制订维护计划，明确维护执行人（部门）、执行时间等。维护请求可能是纠正的、预防的、提前的和基于状态的维护；可以是来自业务部门的，也可以来自智能仪表和控制系统自动产生的基于设备状态的请求。维护请求的内容主要包括维护请求人、维护请求日期和时间、维护设备、优先级以及请求描述等。

（4）维护分派：发出维护通知单，把维护请求分派到维护人员。维护通知单的主要内容包括分配的人员、分配的优先级以及分派状态等。

（5）维护执行管理：对维护请求进行响应，产生维护工作通知单。维护响应的内容主要包括响应日期和时间、响应人、处理结果以及响应描述等。

（6）维护跟踪：反映维护情况，形成维护活动报告。

（7）维护数据收集：收集设备维护请求时间、估计用时、实际用时、当前状态以及维护人员等。

（8）统计分析：通过收集维护数据、分析问题，制定改进措施并进行改进，还包括对维护成本和绩效的分析。

6. 统计分析

设备统计分析的目的：对数据库中各种数据的分类汇总和统计分析，结合先进的设备管理理论模型计算用户关心的统计指标，完善设备管理方法，辅助决策。包括设备停机情况统计分析、设备易损部位统计分析、设备综合效率统计分析和设备可靠性指标统计分析。

根据设备运行数据进行科学的数据分析，输出多维度的分析报表/图表，直观地发现问题，及时对异常情况做出反馈，避免由此带来的浪费，提高设备管理水平。关键业绩指标包括：设备完好率、有效利用率、可靠性等。

MES 设备统计分析提供设备模块相关统计分析报表。统计分析一般包括以下内容：

（1）设备故障统计：对事故情况进行统计，如按事故等级、事故性质进行分类统计；

（2）设备维护情况统计：对设备维护情况进行统计，对维护次数、维护时间、维护费用等信息进行统计；

（3）设备利用率统计：根据设备使用情况登记每天的停开机时间、计算设备的利用率；

（4）设备完好率统计：根据设备使用情况登记每天的运行状态情况、计算设备的完好率；

（5）设备故障维修费用统计：提供对设备维修费用的统计，设备指定时间内的维修费用或所有设备发生的维修费用统计情况。

【任务实施】

1. 设备信息管理

任务：在设备信息管理中，按表 4-8 所示新增设备。

表 4-8 设备信息明细

设备名称	设备类型	制造商	设备型号	设备用途
工业机器人	生产设备	ABB	120	装配
智能制造平台	实训设备	华航唯实	ds11	轮毂加工
打印机	办公设备	Xerox	B230	打印

在设备信息管理中，工厂里所有设备和工具都要进行登记，包括其编码、名称、类型、型号、用途和制造商等信息，在工艺编制阶段可以直接调用具体设备。设备信息管理的流程如表 4-9 所示。

表4-9 设备信息管理的流程

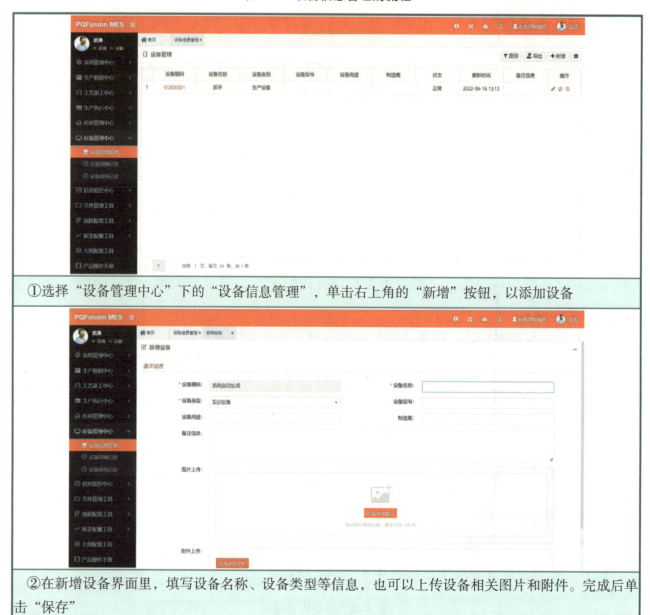

①选择"设备管理中心"下的"设备信息管理",单击右上角的"新增"按钮,以添加设备
②在新增设备界面里,填写设备名称、设备类型等信息,也可以上传设备相关图片和附件。完成后单击"保存"

2. 设备故障记录

任务:在设备故障记录中,按表4-10添加设备故障记录,其中故障开始时间自拟。

表4-10 设备故障明细

设备名称	故障描述	故障原因分析	维修记录描述
工业机器人	机器人不能按照基坐标方向线性移动	机器人关节轴的位置不对	重新做转数计数器更新

续表

设备名称	故障描述	故障原因分析	维修记录描述
工业机器人	示教器内无法创建工具坐标系	机器人的系统程序被误删	重置机器人系统
智能制造平台	PLC无法接收传感器的信号	传感器的信号线脱落	重新连接传感器的信号线

当设备出现故障时，设备使用人员或者设备管理员需要将故障信息添加至MES系统。之后设备维修人员收到相关报修记录后，对设备进行维修。在维修完毕后，设备维修人员需要在MES系统里填写维修记录。设备故障记录的流程如表4-11所示。

表4-11 设备故障记录的流程

①当设备出现故障时，设备使用人员或者设备管理员需要单击"设备管理中心"下的"设备故障记录"，单击右上角的"新增"按钮，以添加故障记录单

②在新增设备故障记录界面里，填写设备编码、故障开始时间、故障描述等信息，也可以上传设备故障相关图片和附件。完成后单击"保存"

续表

③设备维修人员看到新增的维修记录单后,需要在现场对设备进行维修;维修完毕后,则需要在MES系统填写维修结果。设备维修人员登录自己的MES系统账号,单击"设备管理中心"下的"设备故障记录",单击相应故障右侧的"设备故障维修记录"按钮

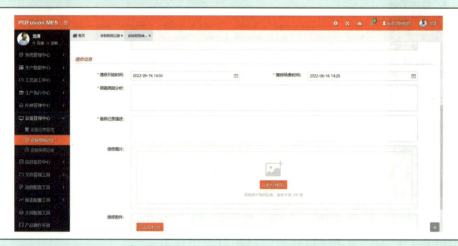

④在设备故障维修记录界面里,填写维修的开始和结束时间、故障原因分析、维修记录描述等信息,也可以上传维修相关图片和附件。完成后单击"保存"

3. 设备保养记录

任务:在设备保养记录中,按表4-12所示新增设备保养记录,其中保养开始时间和保养结束时间自拟。

表4-12 设备保养记录明细

设备保养	保养内容	保养详情
工业机器人	示教器清洁	1. 工业机器人断电; 2. 使用布蘸取少量酒精清洁示教器

续表

设备保养	保养内容	保养详情
工业机器人	更换电池组	1. 工业机器人断电； 2. 卸下本体底座盖； 3. 断开电池电缆与编码器接口电路板的连接； 4. 切断电缆带，卸下电池组； 5. 安装新电池组； 6. 将电池电缆与编码器接口电路板相连； 7. 安装本体底座盖； 8. 更新转数计数器
打印机	墨车滑杆润滑	1. 打印机断电； 2. 用纸巾擦拭滑杆； 3. 在滑杆上上油； 4. 来回推墨车

设备每隔一段时间就要进行保养工作。每次保养后，设备保养人员要在 MES 系统里填写设备保养记录。设备保养记录的流程如表 4-13 所示。

表 4-13　设备保养记录的流程

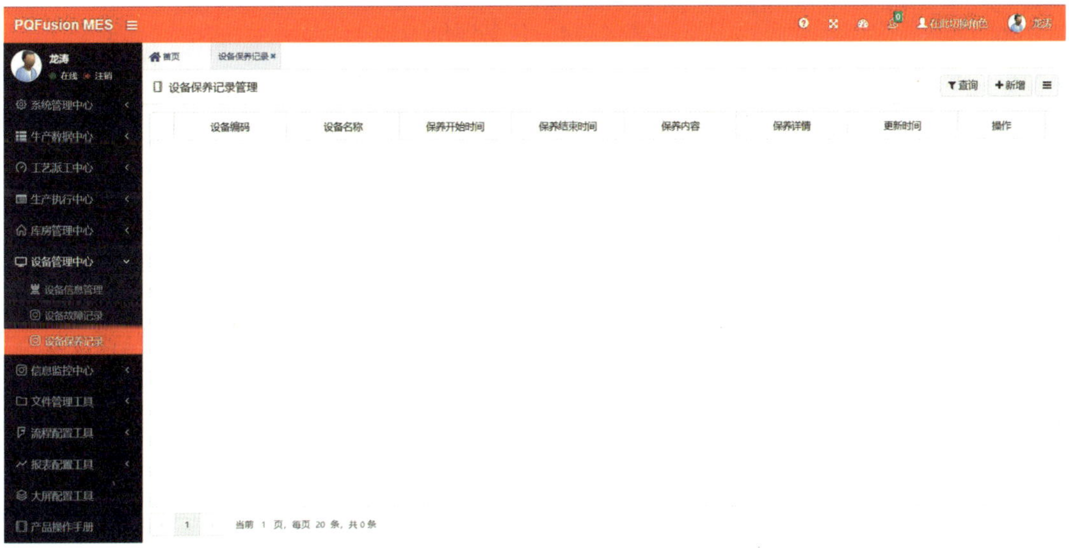

① 当设备保养结束后，设备保养人员或者设备管理员需要单击"设备管理中心"下的"设备保养记录"，单击右上角的"新增"按钮，以添加设备保养记录单

续表

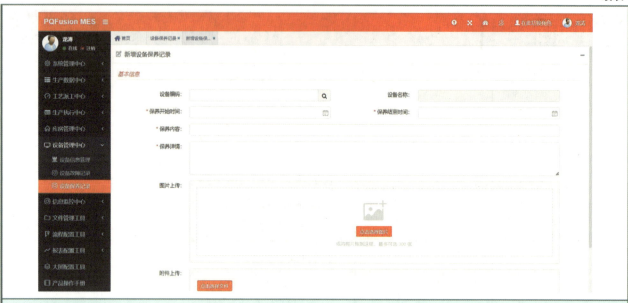

②在"新增设备保养记录"界面里,填写设备编码、保养开始和结束时间、保养内容、保养详情等信息,也可以上传设备保养相关图片和附件。完成后单击"保存"

【任务评价】

任务评价如表 4-14 所示。

表 4-14 任务评价

评价项目	比例	配分	序号	任务要求	评分标准	自评	教师评价
设备信息管理	30%	30 分	1	掌握新建设备信息的方法	未掌握扣 15 分		
			2	掌握填写设备信息的方法	未掌握扣 15 分		
设备故障记录	40%	40 分	1	掌握新增设备故障记录的方法	未掌握扣 20 分		
			2	掌握填写维修设备故障记录的方法	未掌握扣 20 分		
设备保养记录	30%	30 分	1	掌握新增设备保养记录的方法	未掌握扣 15 分		
			2	掌握填写设备保养记录的方法	未掌握扣 15 分		
合计							

【项目评测】

项目四 MES系统的维护

知识测试

一、选择题

1. RFID技术通过射频信号自动识别目标对象并获取相关数据，属于（　　）。
   A. 自动采集　　　　　　B. 人工采集
   C. 手动采集　　　　　　D. 设备采集

2. 针对每天的生产情况，生产管理者每天要对比三个数据。下列不属于这个三个数据的是（　　）。
   A. "计划"（计划的产品数量）
   B. "排程"（排程的产品数量）
   C. "销售"（销售的产品数量）
   D. "完成"（完成的产品数量）

3. 在电子文档管理中，下列不属于离线存储介质的是（　　）。
   A. 网盘　　　　　　　　B. U盘
   C. 光盘　　　　　　　　D. 移动硬盘

4. （　　）处在车间生产活动的中心地位。
   A. 生产设备　　　　　　B. 生产人员
   C. 生产产品　　　　　　D. 生产工艺

二、判断题

1. 在电子文件归档时，如果电子文件为加密文件，则该文件要解密。（　　）
2. 设备信息是生产调度、设备维护管理业务的基础。（　　）
3. 归档电子文件保管期限分为永久、定期30年和定期10年等。（　　）

参考文献

[1] 彭振云，高毅，唐昭琳. MES 基础与应用 [M]. 北京：机械工业出版社，2019.

[2] 吴从好. 浅谈 MES 系统在企业中的应用 [J]. ELECTRONICS WORLD，2021:190-191.

[3] 陆燕辉，陈弓. 精益 MES 在船舶管件加工车间中的应用 [J]. 造船技术，2021（3）：44-48.

[4] 武迪，王妮，张文雯. 基于 MES 系统的智能工厂研究应用 [J]. 研究与探索，2021（3）：26-27.

[5] 张秋琳. 离线制造业多工厂 MES 应用研究 [J]. 智能制造，2021（4）：40-44.

[6] 郑景珍，李湘媛. 航天企业电装车间 MES 的建设与应用 [J]. 机械设计与制造，2021（5）：94-98.

[7] 中国电子技术标准化研究院. 制造执行系统（MES）规范第 9 部分：机械加工行业制造执行系统软件功能：SJ/T 11666.9—2016 [S]. 中国电子技术标准化研究院，2016.

[8] 中华人民共和国国家质量监督检验检疫总局，中国国家标准化管理委员会. 电子文件归档与电子档案管理规范：GB/T 18894—2016 [S]. 中华人民共和国国家质量监督检验检疫总局，中国国家标准化管理委员会，2016.